で、ほんとはどうしたいの？

岡田哲也

WANIBOOKS

で、ほんとはどうしたいの？

ここで語られる全ての言葉は、
「教える」ためではなく
「思い出す」ためにある。

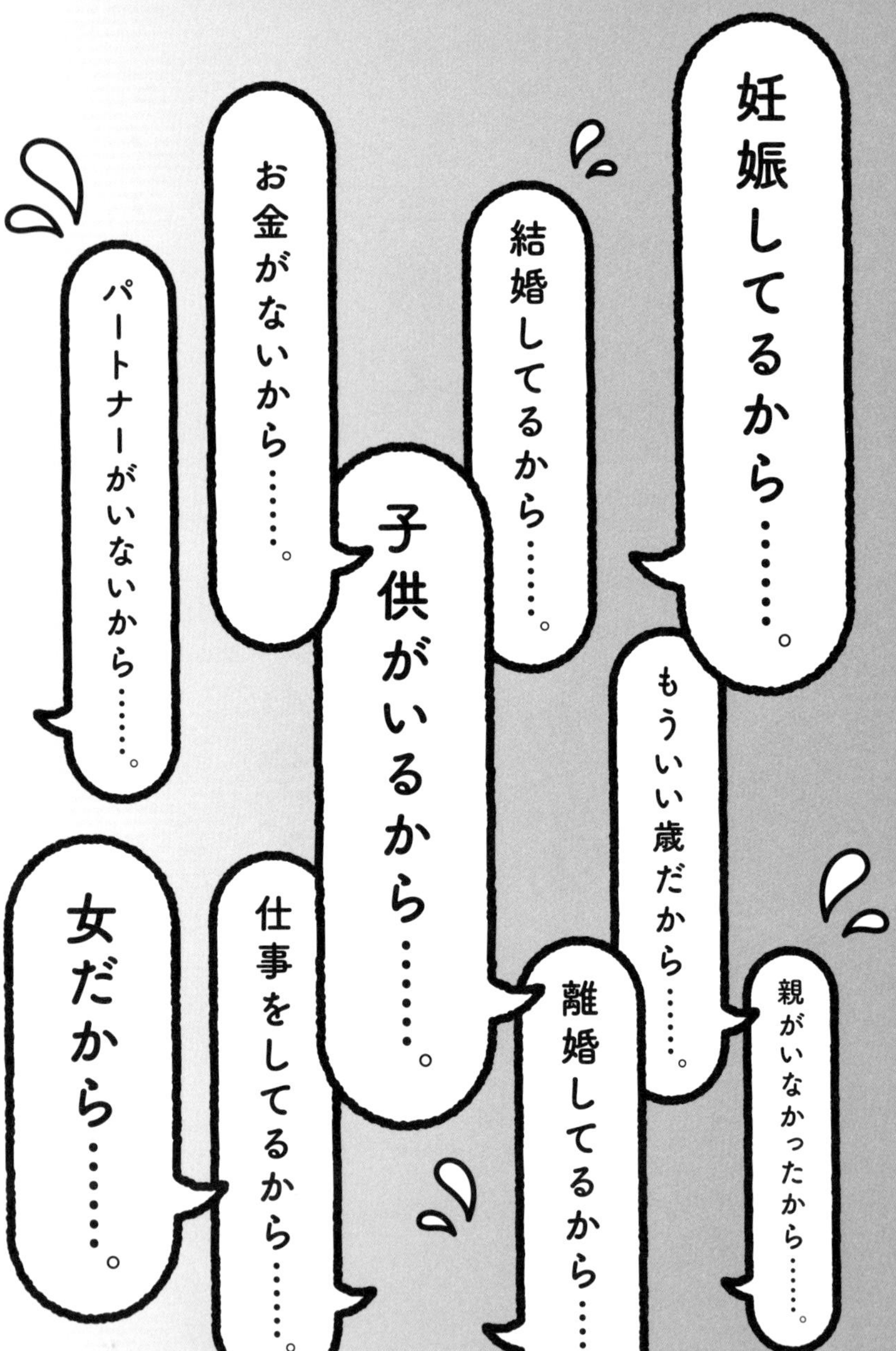
妊娠してるから……。
結婚してるから……。
お金がないから……。
パートナーがいないから……。
子供がいるから……。
もういい歳だから……。
親がいなかったから……。
離婚してるから……。
仕事をしてるから……。
女だから……。

そうやっていつまで「自分の不幸」を何かのせいや誰かのせいにしているつもりなんでしょうか？　ていうか……

で、ほんとはどうしたいの？

大切なのはこれに尽きます。そして、私がこの本で伝えたいのも結局のところこの1つ。

つまり、**四の五の言わずに絶対に成功するとしたら何がしたいの？**　です。

そして、「お金がないから今はできない」とか「地位がないから私にはムリ」とかいいわけしてるヒマがあるならさっさとやりたいことやれ、です。

ここに意識を向けて実際に行動できるかがかなり重要になります。

なぜかと言えば普段セミナーを開催する身としてたくさんの人を見てきましたが……

そんなふうにいいわけして「やらない」を選択している人たちみんな、自作自演の苦労人コントをやっているだけですから。

勝手にいじけて、孤独だわコント。

本音を言ってないのに、分かってくれないわコント。

……などなど、例を挙げたらキリがありませんが、私から見れば残念ながら、勝手に自分のこと不幸にして→その不幸を嘆くという謎の一人芝居をしてるようにしか見えません。

え？　失敗がこわい？　じゃあ、やらなくてもいいんです。その代わり、**このままあなたの人生の主導権は他の誰かのものになって、変わらない日々を送り続けるだけですが。**

それに安心してください。どうせ失敗するし、不安にもなるし、罪悪感も出ますから。

それもひっくるめて体験であり、人生の面白いところではないでしょうか。

だって、ずっと平坦な道が続くジェットコースターや、誰も死なない『名探偵コナン』なんて誰が魅力を感じると思います？

どうせ感じるものは感じるのですから、見ないフリとか元気なフリとか、はたまた気持ちや思考の切り替えをしようとか、いらないいんです。いつまでも「弱い自分を隠して強がってるのに誰も分かってくれない」と絶望してても構いませんが、

「で、ほんとはどうしたいの？」

ですよ（大事なことなので何度も言います）。

ただすぐにできることじゃないんで、何回も何回もこの質問に答えて、やりたいことを実践してあげることで自分を満たしてあげてください。

こんなこと言うと「やりたいことやっちゃうなんて他人に迷惑なのでは？」といつもの癖で不安になるかもしれません。が、やりたいことをやってしまっても大丈夫です。その理由はこの本にたっぷり書いたつもりです。

だからさっさと読んで、さっさと一度きりの自分の人生を謳歌《おうか》しちゃってください。

（注）ちなみにこの本はずっと同じことしか言っていません。でも手抜きではありません。それが何より大切だからです。

第一幕

ほんとの自分をとりもどせ！

第二幕

自分の声、聞こえてる？

第三幕

みんな大好きお金の話

第四幕

絶対に成功するとしたらどんな仕事がしたい？

第五幕

イイコ仮面の外し方

第六幕

「今、幸せだ」と言いきれるパートナーシップの秘密

第七幕

子どもを「守る」から「見守る」へ

第一幕

ほんとの自分をとりもどせ!

失敗がこわいから……。
常識に反するから……。
仕事をしてるから……。
恥ずかしいから……。
人脈がないから……。
男だから……。

で、ほんとは
どうしたいの？

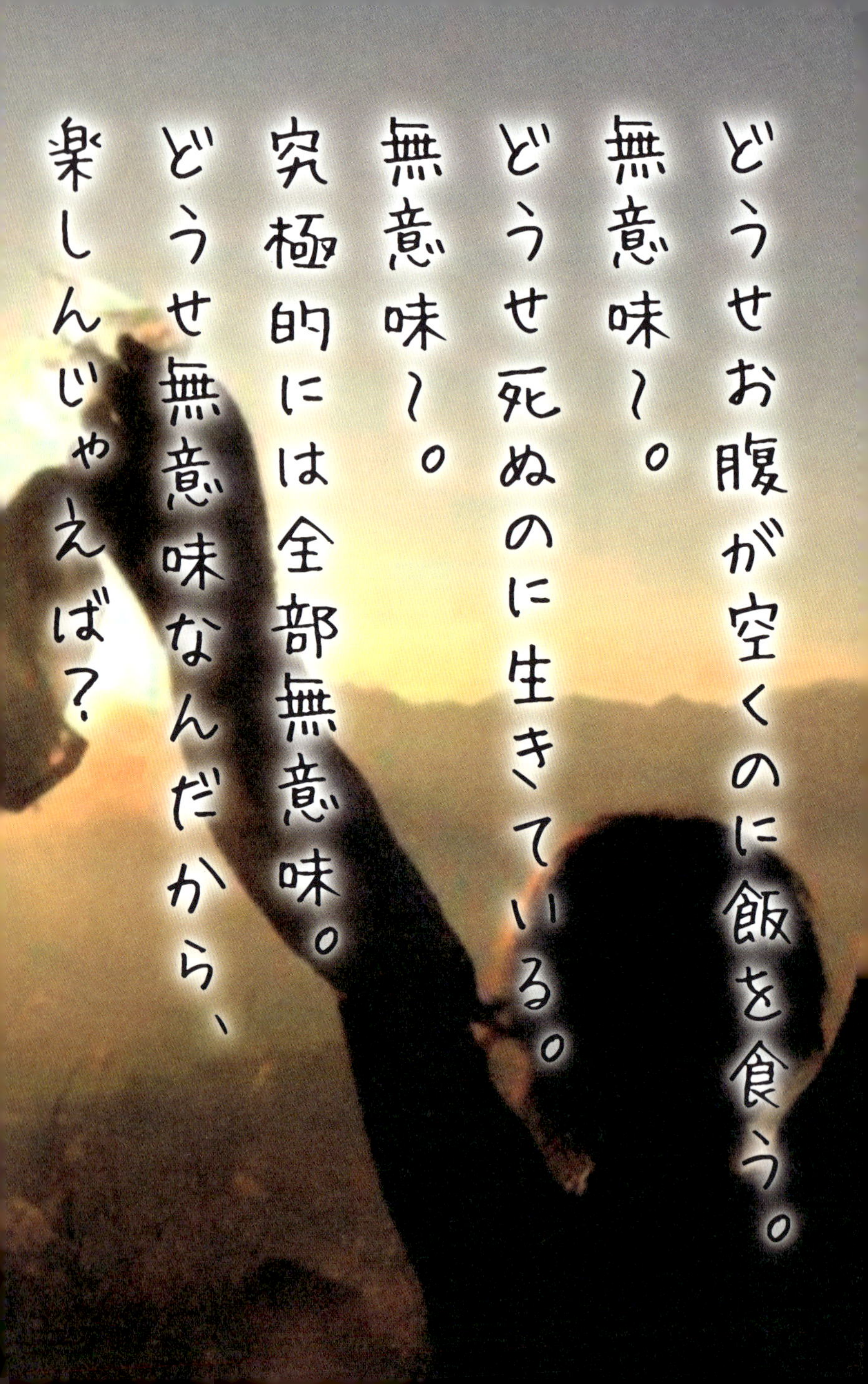
どうせお腹が空くのに飯を食う。
無意味〜。
どうせ死ぬのに生きている。
無意味〜。
究極的には全部無意味。
どうせ無意味なんだから、
楽しんじゃえば？

ちゃんと自分の本心は聞けてるか？

極端なことを言えば、人生に意味なんかありません。

もちろん、私たちが今ここにいて、誰かと関わりながら生きていることはとてもステキなことだと思います。「生きていても意味がない」なんて意味で言っているわけじゃないので、誤解しないでくださいね。

でも、何か大きなことを成し遂げたとか、たくさんお金を稼いでいるとか、そんなどうでもいいことを【人生の意味】だと思っているなら大間違いです。

大切なのは、その「何か」を成し遂げる時に魂がワクワクしているかどうか。お金を稼ぐ時に楽しんでいるかどうかです。今を楽しむことが、生きていく上で一番大切なんです。

サラッと「楽しむ」と言いましたが、普段ちゃんと自分を楽しませていない人にとっては、これが意外と難題です。何をすれば自分が楽しいのかが分からないからです。

「自分にとって楽しいことが分からない人なんているの？」と思うかもしれませんが、実は結構たくさんいます。もしかしたら、そう思っているあなた自身がそうかもしれません。

「丹田《たんでん》」の声に忠実に、自分の欲求をその時々で叶えてあげていないと、気づかないうちに欲求に対する感受性が鈍ってしまうんです。

では、いきなり登場したこの〝「丹田」の声〟とはいったい何を指しているのでしょうか。

丹田とは、東洋医学でおへその下、腹筋の奥の方にあるとされる、「気」の集まる場所。詳しい場所が重要なわけではないので、この本では単に「肚《ハラ》の声」と呼ぶことにします。

「肚の声」は、「魂のワクワク」と言い換えてもいいでしょう。つまり、自分が直感的にしたいこと、「欲求」を知らせるシグナルのことです。

具体的には「無意味」で「無邪気」で「無目的」。なのに「やりたい！」とワクワクすることがそれに当たります。

例えば私なら、自分の子どもと遊ぶこと。家にいる時は大抵子どもと遊んでいますが、それは「この子が大きくなって親孝行してくれたらいいな」なんて下心があってのことではありません。

ただ単純に、かわいくて仕方がないから遊んでしまうんです。

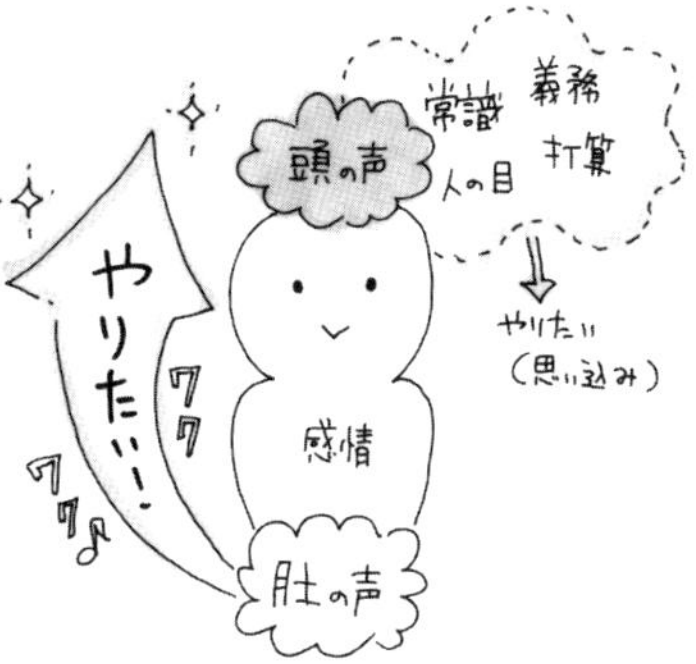

子どもがいない人にとって分かりやすいところで言えば、食べ物の好き嫌い。

みなさんは、どんな食べ物が好きですか？　それのどこが好きなのか、理路整然と説明できますか？

「おいしいからなんとなく好き」

そう、説明できなくていいんです。肚の声が教えてくれるのは、ただ「好き」「やりたい」

という直感だけ。「ヘルシーだから」「彩りが良いから」なんて後付けで考えた理由です。

これと対をなすのが「頭の声」。詳しくは後で説明しますが、

「ブランドものだから欲しい」

「みんなが良いと言っているから私もしてみたい」

など、自分の外側にある物差しに引っ張られて、

「褒められるかもしれない」

「認めてもらえるかもしれない」

なんていう下心込みで、「欲しい」「やりたい」と思い込んでいる状態です。**頭の声ばかり聞いていると、大きく失敗することはないかもしれませんが、いつまでたっても自分の欲求は満たされないままです。**

それって、生きていると言えるでしょうか？

ちなみに私の奥さん・はるちゃんは、「子宮委員長」なんてちょっと変わった肩書きで、女性の愛や性に関する講演会をしたり、本を出したりする活動をしています。

はるちゃんの凄いところは、いつだって肚の声に忠実なところ。はるちゃんは女性なの

で「子宮の声」と表現していますが感覚としては同じです。もう、普通の人から見れば「ぶっ飛んでる」としか思えないことを「だってやりたいんだもん！」と平気でやってのけます。

この前も、「出版した本をサイン入りでファンクラブのみんなにプレゼントしよう！」と思い付き、なんと六千冊にサイン。そして発送までこなしていました。

でも、誤解しないでください。はるちゃんは「何でも自分でやる人」というわけではありません。どちらかといえば、「結構他人に頼る人」です。苦手なことだったり、私や周りの人間に対して〝して欲しいこと〟があったりすれば、遠慮なく「こうして欲しい」と頼んできます（だから家事も育児も私が担当しています）。

特に日本では、

「他人に頼るのは良くないことだ」

「自立した大人にならなきゃいけない」

という考え方が強いと思います。そのせいで、「自立」の意味をはき違えている人が結構いらっしゃるんじゃないでしょうか。

声を大にして言いますが、「自立する」とは、誰にも頼らず、自分一人で全てをこなすことではありません。

必要な時、必要な人に頼る（依存する）のが「自立する」ということです。

あなたは自立できていますか？「何でも自分でやらなきゃ！」と抱え込んで、無駄な苦労をしていませんか？

さて、冒頭の話に戻りましょう。

もう一度言います。人生に意味なんかありません。あえて言うなら、人生ってごちゃごちゃ考えたり、体を使って何かをしたり、「人間」としての生活を体験するための暇つぶしなんじゃないでしょうか。

もちろん、夢や目的を持って行動するのはステキなことだと思います。でも、なぜその目的を達成したいのか、ちょっとだけ考えてみてください。**もしかしたら、それをやり遂げることで周りから「認められたい」と思っていませんか？**

これは「肚の声」ではなく、「頭の声」で判断した結果です。その場合、自分を無価値だと思っていたり、寂しさを抱えていたりする可能性があります。すると、目的を達成できなかった時、「どうして思った通りにできないんだ！」と自分を責めてしまいます。せっかくステキな夢を持って努力していたのに、頑張った自分を認めてあげられないなんて、とても残念なことです。

だから大人になったあなたは、頭の声に惑わされず、本当にしたいことをしてください。「こうしなきゃいけない」なんて思わず、自分のしたいようにするのです。そうすると、生命力も強くなります。

周りからどう思われてもいいんです。そう、人生に意味なんかないのだから。

はじめの一歩

自分がワクワクすることをちょっとだけやってみる

やった回数だけ
足跡を残そう！

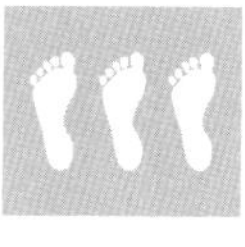

「自分の心がワクワクすることをしなさい」

そう誰かが言います。
ワクワクすることをしてたら
傷つかないんでしょうか？

違います。

傷つきます。
否定
されます。
辛くて苦しい
時もあります。

でも、
誰かのためにじゃなく、
自分を生きているから
乗り越えられるんです。

「失敗したけど↓やって良かった！」が大事

「肚の声」、つまりは自分の根源的な欲求に従って行動すると、幸せになれます。生命力も高まります。でも、残念ながら良いことばかりではありません。

例えば、「海外で一人旅をしてみたい！」と思ったとします。当然のことですが、最初からツアー旅行のようなスムーズな旅になるはずはありません。

言葉が通じなくて困ったり、注文ミスで食べたいものが食べられなかったり、国によってはスリに遭ったり、水が合わないせいでおなかを壊したり、本物のピンチに見舞われることもありえます。

でも、「英語も満足に話せないなんて、自分はダメだ」「こんな思いをするくらいなら、もう二度と一人旅なんかしない！」と考えるのは大間違いです。そうやって嘆く瞬間はもちろんあっていいけれど、そこで本当に「海外での一人旅」を封印するのはちょっと待ってください。

子どもの頃なら、「最初からうまくいかないことだってある」と分かっていたはず。何だって、練習すればだんだんとうまくなる。大人になると、苦手なことを意識的に避けられるので、こんな当たり前のことを忘れてしまうんです。

「失敗したくない」という思いから「肚の声」を無視すると、どうなるのか。旅先で辛い思いをすることはなくなりますが、海外での一人旅を楽しむこともできなくなります。失敗しないだけで、楽しいこともない。

そんなの、「生きてる」とは言えないんじゃないでしょうか。

ですから、これから「肚の声」「魂のワクワク」に従って行動しようとする人は、「失敗することもある」「楽しいことばかりじゃない」という前提を頭に叩き込んでください。

「肚の声」に従っていても、失敗はします。

計画通りの人生を送ることは、最初から犯人が分かっている推理小説を読むようなもの。

人生、何が起こるか分からないから面白いんです。

「こんなことが起こるなんて！」と「予想外」を楽しむ余裕を持ちましょう。

そして、失敗を必要以上に重く受け止めないこと。大きな会社の経営者だって、たくさん失敗しています。大々的にＣＭが流れていた商品が、いつの間にか店頭から姿を消していた……なんてよくあることです。でも、世の中の経営者がみんな、

このビジネスは当たるかもしれない
↓ダメだった
↓だからもう二度と勝負はしない、
という思考回路だったら、大きな会社は一つもないはずです。

はじめの一歩

失敗を恐れて、肚の声を無視しないこと

やった回数だけ足跡を残そう！

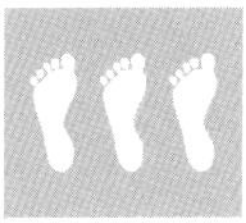

世界中の人全員が
自分一人のことを満たす
↓全員幸せ
世界中の全員が自己犠牲して
人を幸せにしようとする
↓全員犠牲者

やりたいことやってれば、勝手にみんなが幸せになる

私は世界中の人が「肚の声」、つまりは自分の欲求に従って行動すればいいと思っています。**そうすれば（失敗はするかもしれませんが）全員が自分を満たしているので、その幸せが共鳴して拡がります。**

世界中の人全員が自分一人のことを満たすと「全員幸せ」になれるとは、つまりこういうことです。

でも、これまで肚の声に従って行動したことがない人は、「自分の欲求に従って行動するなんて自己中心的なことは絶対にダメ。我慢しなきゃ！」と思うかもしれません。確かに、「欲望の赴くままに行動する」なんて言い方をすると、『北斗の拳』の世界みたいでこわいですしね。

ですが、安心してください。あなたが自分の思い通り、肚の声に従って生きても、『北

斗の拳』のような世界にはなりません。

自己中心的に生きるとは、自分一人を自分で満たすというだけのこと。決して、他人に迷惑をかけることとイコールではないのです。

では、肚の声に従って生きるのが心配なあなたのために、もう一歩想像を進めてみましょう。

もしあなたが「自分の欲望は死ぬまで全部我慢して、他人の幸せを優先して生きてください」と言われたらどうしますか？

「一生自分を殺して、誰かのためだけに生きてください」と言われたら、どうですか？

自分のしたいことを全部封じ込めて生きる人生を想像して、あなたはどう思いましたか？　きっと、「そんな人生は絶対に嫌だ。自分のやりたいようにさせて欲しい」と思ったはずです。つまり、それがあなたの本当にしたいこと、本当に実現したい生き方なんです。

今度は、少し別の角度からあなたの行動を見てみましょう。

あなたが合コンに参加して、男性陣にアピールするためにせっせと料理を取り分けてあげたとします。でも、男性陣からモテたのは、

「おいしい！」と言って「ニコニコ食べていただけ」の女の子だった……。


当然、とり分けを頑張っていたあなたは、彼女に対して腹を立てるでしょう。

「私は頑張ったのに、頑張ってもいない彼女がモテるのはどうして⁉」

その気持ち、よく分かります。せっかく頑張ったのに認められなかったら、誰だって悲しいですよね。

でも、よく考えてください。それはあなたが、男性からの評価のために「勝手に」料理をとり分けただけのこと。**私から見れば、食べていただけの女の子も、尽くしたあなたも、「勝手に」やっているという点では全く同じです。**

ですが、彼女は「勝手に」おいしく食べて、自分が幸せだから笑顔になって、周りのことも幸せな気持ちにすることができました。幸せそうな人の存在は、周りのことも幸せにします。

一方あなたは、「勝手に」尽くして、褒められないから不機嫌になって、もしかしたら場の空気を悪くしてしまったかもしれません。

それなら、モテなくたって当然です。誰だって、不機嫌な人とは一緒にいたくありませんから。残念ながら、幸せな気持ちと同じように、不機嫌も伝染してしまうのです。

私がここまで言っても、「取り分ける人が誰もいなくなったら、みんなが困るんじゃない?」と思う人もいるでしょう。でも、それについても心配する必要はありません。**もし誰も取り分けたい人がいなければ、全員が「おいしい」と言って、好きなものを好きなように食べればいいんです。**全員が好きなものを食べて幸せなら、「取り分けてもらえない」と不満を言う人はいません。単純なことです。

勘違いしてもらいたくないのは、料理の取り分けをすることや、誰かのために尽くすことは、決して悪いことではないという点です。もしあなたがササッと料理を取り分けて、場を仕切ることで幸せを感じられるなら、他の人がどうであっても「勝手に」そうすればいいんです。

でも、もし誰かの評価を気にして尽くしているなら、そんなことはすぐに止めた方がいい。最初はみんなのためにやっていたことでも、押しつけになったとたん、誰にとっても鬱陶しい行為になってしまいます。誰かを幸せにするつもりで始めたことでも、自分を犠牲にすることで、結果的に全員を不幸にしてしまうのです。

世界中の全員が自己犠牲を払って人を幸せにしようとすると、「全員が犠牲者」になってしまうとは、つまりこういうことです。

ちょっとした禅問答のようですが、「自分の欲求に従って生きてもいいんだろうか」という疑問を感じている人は、すでに「自分の欲求に従って生きてみたい」と思い始めている、というのが私の考えです。「欲求に従って生きたい」と思ってもいない人は、そんなことを考えたりはしませんからね。

つまり、このページを熱心に読んでいるあなたは、「できれば自分の欲求に従って生きたい」と思っているはずです。でも、少しこわいんじゃないんでしょうか。その気持ちはとてもよく分かります。私も昔はそうでした。自分を抑えて生きていたんです。でも、バカバカしくなって止めました。そして今、とても幸せです。

だからこそ、もし今あなたに、「自分の欲求に従って生きてもいいんでしょうか?」と

聞かれたら、私は「はい、いいですよ」と断言します。もっとも、そうやってしたことがすぐにうまくいくとは限りませんが、それとこれとは関係ありません。

もっと言えば、これまで自分の欲求を抑えてきたあなたは、これからしばらく自分の欲求を追求すればいいと思います。自分の肚の声とじっくり向き合って、本当に自分がしたいのはどんなことなのか、日々の行ないの中で嫌々やっていたのは何なのか、すっかり洗い出すのです。すると、奥に隠れていた本音が見えてきます。

あなたは今、自分の殻を破りかけています。その勢いを止めないでください。

はじめの一歩

やりたくないことを止めてみる

やった回数だけ
足跡を残そう！

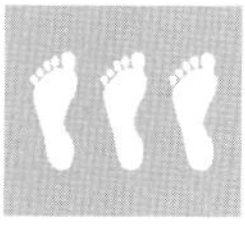

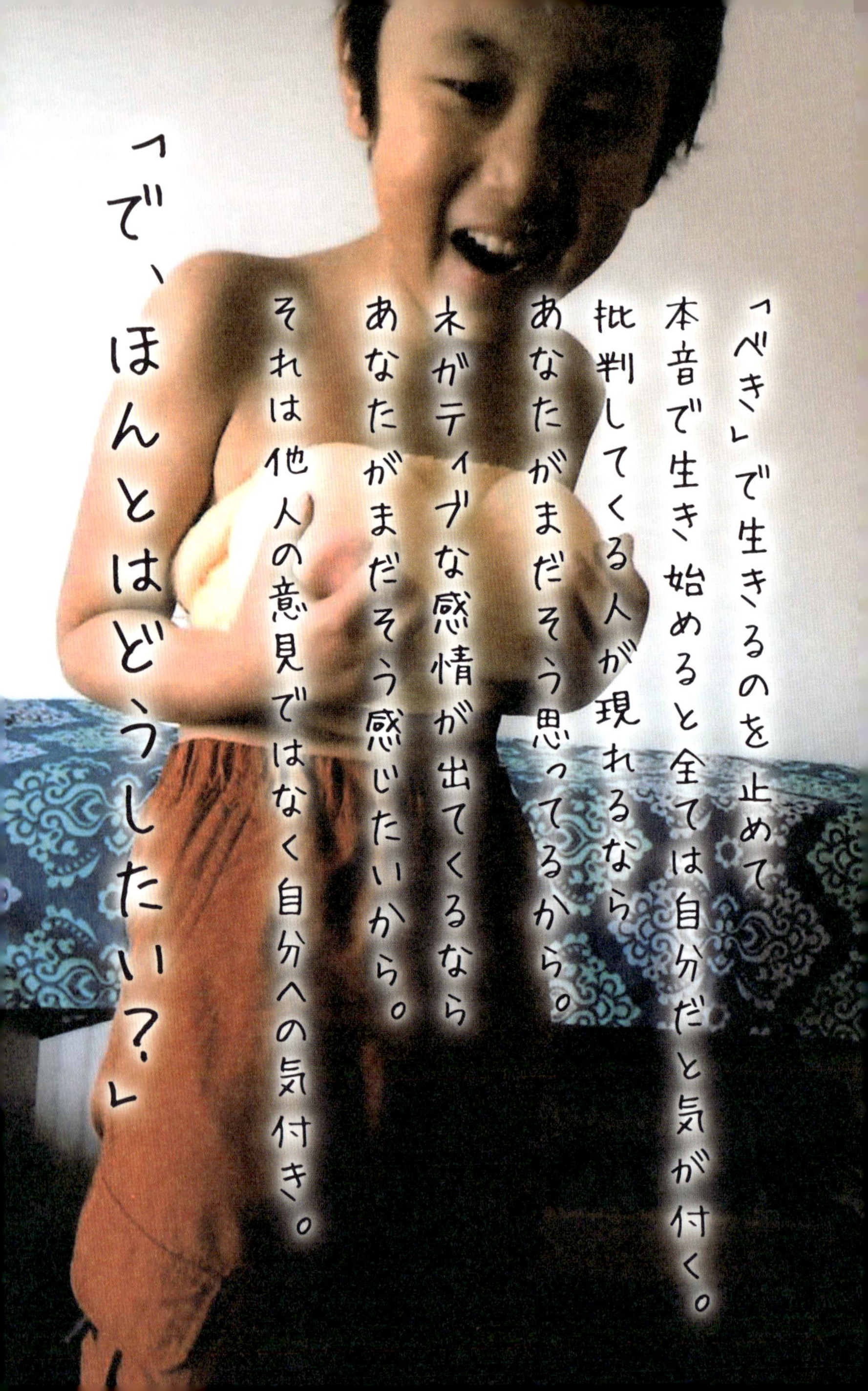
「べき」で生きるのを止めて
本音で生き始めると全ては自分だと気が付く。
批判してくる人が現れるなら
あなたがまだそう思ってるから。
ネガティブな感情が出てくるなら
あなたがまだそう感じたいから。
それは他人の意見ではなく自分への気付き。
「で、ほんとはどうしたい？」

「普通の声」を「批判の声」に変換するな！

せっかく好きなことをしていても、他人から批判されることがあります。そんな時、批判の声をどのように受け止めればいいのでしょうか。

もちろん、どんなにすばらしい行為でも、世界中の人が賛成してくれることはあり得ないので、「批判はされるもの」という前提は必要です。どんなモノやコトにも、「好き」「どちらでもない」「嫌い」という三種類の反応があって、**「好き」と「嫌い」がそれぞれ二割ずつ。「どちらでもない」というニュートラルな人が六割いるのが普通の状態です。**

それを知った上で、例えば「そのケーキ、三つとも食べるの？」と聞かれたとします。

少しスピリチュアルな言い方をすれば、それは宇宙からの質問です。

「三つとも食べたいの？」

「それでもやるの？」

「本気なの？」

と確認されているんです。

「批判された！」「怒られた！」と過剰反応して止めてしまうのではなく、**それでも食べたいなら、自信を持って「食べるよ」と答えましょう。**「あれ、そんなに好きじゃないな」と気づいたら、さっさと止めればいいわけです。

もう一つのパターンとしては、自分の中にある罪悪感や怒りに気づくきっかけにすることです。**「批判された」と感じるのは、自分の中に罪悪感や怒りがあるからです。**

「そのケーキ、三つとも食べるの？」の次に、「そんなに好きならもう一つ食べる？」という質問がくっ付いてくるのかもしれないし、「本当に甘いものが好きなのね」と、あなたの食べっぷりに感心して言っただけなのかもしれません。

「ケーキを三つも食べるなんて食べ過ぎよ」という批判だと感じたのは、あなたの心に「太ってしまう」という罪悪感や怒りの種があるからなのです。カラッとおいしいものを食べて幸せな人は気にもしません。他人の言葉がどう聞こえるかは、自分の心次第だということです。

三つ目のパターンとして、冒頭でお伝えした通り、相手が本当に怒ってくることもあります。どんなことにも批判はつきものです。

そういう時は、試されていると思ってください。そして、相手の言葉ではなく、そう言われた時の自分の感情と向き合うのです。「嫌なことを言われたな。でも、やる」なのか、「嫌なことを言われたからもう止めたい」なのか。

私としては、そこで止めるのはとてももったいないことなので、少し時間をおいてでもリトライしてもらいたいと思いますが。

はじめの一歩

批判の声が聞こえた時こそ自分はどうしたいかをチェック！

やった回数だけ足跡を残そう！

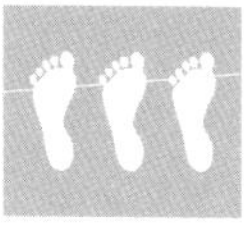

あなたは憧れの人にはなれない。
あなたは何者にもなれない。
あなたはあなたでしかない。
何者かになろうと
するのを捨てた時
あなたに還る。
最初から、あなたはあなた
だったのだから。

今着ているその服、社会的ステータスで選んでない？

例えばSNSなどで煌《きら》びやかなハイブランドや一流のモノをアップしている人っているじゃないですか。

でもそういう人に憧れを抱いて「私もいつか同じバッグを持ちたい！」と思った時こそ、「私は何が好きかな？」と自分に意識を向ける時なんです。

よくありがちなのは「成功するためには成功者の真似をしなさい」的な本を読んで、自分の感覚に意識を向ける前に、ただどこかのたまたま見た憧れの人がやっている行動だけを見て真似すること。

「あの人が、『この財布を持ったら仕事がうまく行き始めた！』と言っていたから私も買おう」

「あの人が、『この服でパーティに行ったらたくさんの人に声をかけられた！』と言っていたから私も買おう」

こんな具合に。

確かに今の自分から変化しようとしている時に誰かの真似をすることって、時には大切なのですが、**ワクワクと毎日を生きている成功者の真似をするべき部分は、【自分にとってワクワクするものを選択する】という点なんです。**

「あのセレブが持っていたからエルメスのバーキンを無理して買おう！」ではありません。

そしてこれも罠なのですが、そういった成功者に見える人がそもそも幸せで満たされているとは限らないって言うことです。

もしかしたら【ブランドモノを買えるようになった私は凄いでしょ？】という、無価値観の裏返しが入っているかもしれない。

もしかしたら【安物を持っている貧乏人は哀れ】という怒りや不満感からの見下しが入

っているかもしれない。

結局、大切なのは、その人が幸せかどうか？

「ハイブランド」や「一流の何か」の裏側に

・怒り
・寂しさ
・不満
・無価値観
・劣等感

からの心の穴埋めが源泉として入っているのなら、その行為を真似して得られるものは【一時的な心の穴埋め】にしかならないんです。

私のことで言うと別にもともとセレブな家庭に生まれたわけではありません。普通です。
『妖怪ウォッチ』のケータくらい普通です。

いや、どちらかというと節約好き、「普通が一番よ」という母の口癖を踏まえるとケチ側にいたと思います。

だから私は今でこそ講演会などではエルメスを着ていますが、内観を始めてからエルメスにたどり着くまで五年かかっています。

その間にやってきたことというのは日常生活のお金を使う場面で、一回一回丁寧に

「これは本当に欲しいかな？」

「無意識に制限かけてないかな？」

「ほんとはどれが欲しいかな？」

と自問自答して自分のワクワクすることにお金を使ってあげるということ。

そしてその時に出てくるいたたまれなさや罪悪感、はたまたお金の心配をする自分の感覚をそのまんま認め、感じ、【それでもほんとはどうしたい？】と実行してあげるという地道な繰り返しだけでした。

それを繰り返していったら、結果として感覚的にも身体的にもフィットする洋服がたまたまエルメスになっただけのことであって、

「一流になるためには一流の服を着るべきだ！」

となんの根拠もない思考で選んだのではないってことです。

そしてあくまで講演会というシチュエーションにおいてはエルメスを選んでいますが、はっきり言って日常生活の洋服は緩いです。

考えたら分かると思いますが、二歳の鼻水とよだれが得意技の男の子を育てているのにエルメスを着たりしません。公園に行って子どもと走り回る時にはおしゃれなブーツよりもスニーカーを履きます。

同じ公園（こうえん）でもえらい違いです。

その瞬間ごとに自分にとって心地良い洋服は違いますので、ＴＰＯに合わせて選んであげる。

だからエルメスのようなハイブランドの洋服を着ている時にも、あの泥だらけのスニーカーを履いている時にも、どっちも【私】という存在は満足しています。そしてそれが全てと言ってもいいくらい大切。

無価値観や凄い人と思われたくてハイブランドの洋服を鎧として武装しているわけじゃないんです。

ちなみに、ワクワクするコト・モノの基準において値段というものは「選んだものが高かった・安かったという結果」であって、【高かろう良かろう】【安かろう悪かろう】ではありません。

私も地方講演などで広めなスイートルームに泊まったりもしますが、もし一人で旅行に行くのならゲストハウスも好きですし、漫画だらけのカプセルホテルも捨てがたいです。

「ほんとはどうしたいの？」と自分に問いかけてみた時にこそ、

「社会的なステータスから選んでいないか？」

「誰かの真似をしているだけではないか？」

と自分に今一度質問してみてください。

はじめの一歩

地位や名誉を得るためにブランドものを身に付けてないかクローゼットとにらめっこ

やった回数だけ足跡を残そう！

スピあるある。
パワースポットを追いかけてる人に限って、
自分のお宮を大切にしてない。
生命を育み、産むんだよ？
神だろ、神。

自分パワースポット化計画

パワースポットという言葉が一般的になって来ました。

そういう場所に行って自分にとって心地良い体験をさせてあげるということはすごく大切です。でも、【普段自分の本音を押し殺して、我慢して生きて、疲弊している疲れを癒すため】にそういったパワースポットに行ってエネルギーをチャージしようとしているとしたら……

なんかおかしくありませんか？

これは私の妻のはるちゃんの書籍『願いはすべて、子宮が叶える』にも詳しいですが、どこかのすばらしいパワースポットのパワーをチャージしようとする前に、「自分自身の中に本当に無限の力があるのだ」ということを自覚することが大切です。

と、こうお伝えすると「自分に自信を持ちましょう!」という話に聞こえるかもしれませんが、自信なんかなくていいんです。

今まで自己を犠牲にしたり我慢して生きていたら、自分に自信が持てなくて当たり前。無理に自信があるフリをする必要はありません。

じゃあいつ自信が生まれるの?　というとそれは少しずつでも自分の望みに向かって行動し始めた時。

結果として周りの人や環境が変わってきた時にこそ、「あ、私には現実を変える力があるのかもしれない」と自信の種が育ってくるんです。行動の基準は自信があるかないかではなくて、

やりたいか?

やりたくないか?

です。

で、その、やりたい!　の声を満たしていけばいくほど勝手に自信は芽生えていく、というわけ。

この冒頭の名言にもあるように自分の身体……女性なら子宮を大切にした時に周りから大切にされるという経験を重ねていくと、疲労を癒してもらうためのパワースポット巡りから、

↓自分が好きだから！　のパワースポット巡りへと変化していくんです。

ちなみにこの【自分のお宮を大切にする】というのは女性なら子宮や膣《ちつ》などの女性的な部分をケアしてあげるということでもありますし、男女共通しているのは【身体を大切に。眠い時は寝ましょう】というシンプルなことなんです。

はじめの一歩

パワースポットに行く前に眠い時は寝る！

やった回数だけ足跡を残そう！

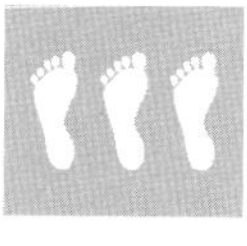

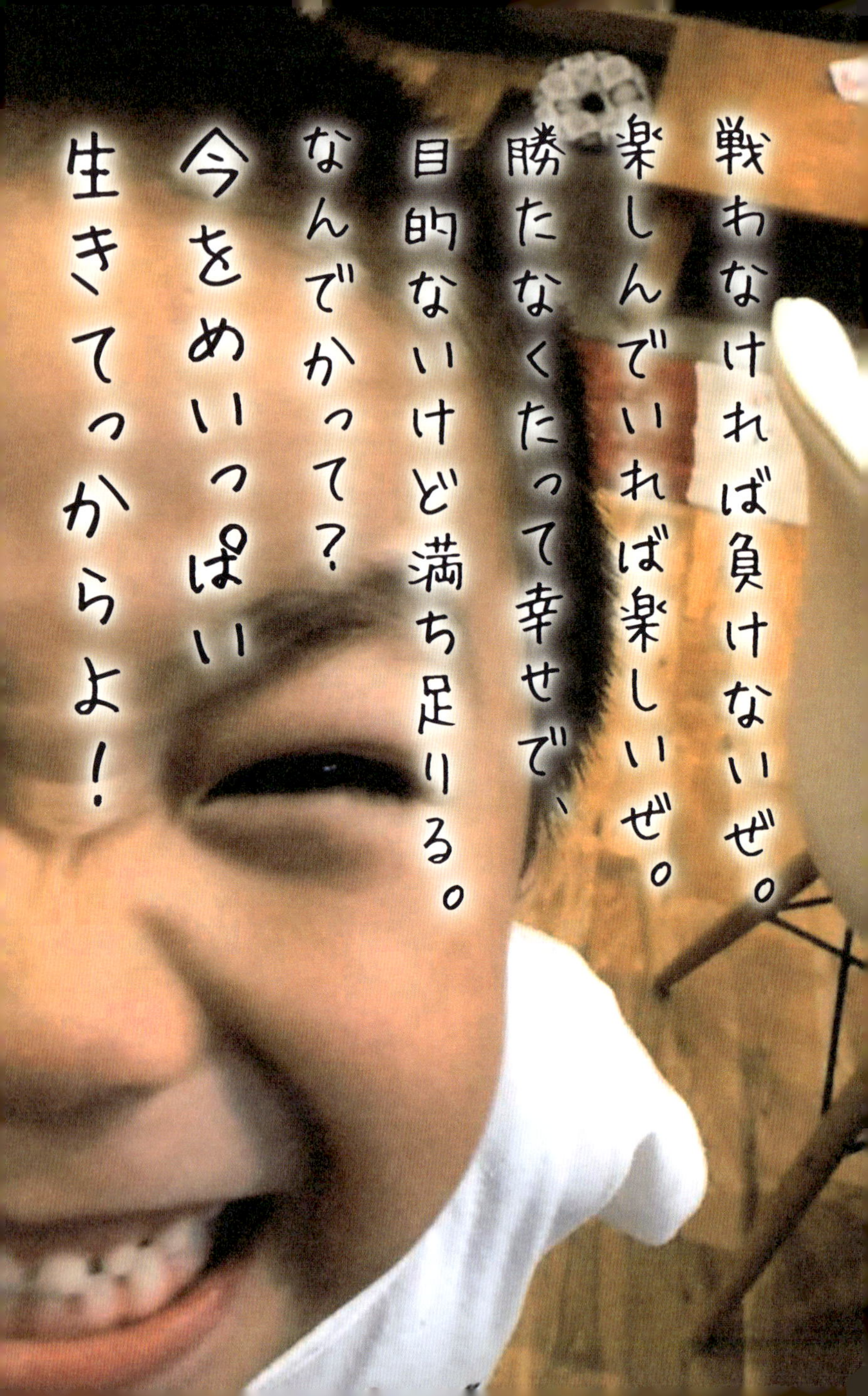

戦わなければ負けないぜ。
楽しんでいれば楽しいぜ。
勝たなくたって幸せで、
目的ないけど満ち足りる。
なんでかって？
今をめいっぱい
生きてっからよ！

日常も非日常も楽しむためにできること

「人生の目的を持つことが大切だよ」とか、「目標を持ちなさい！」と言われたりしますが、もう、今この瞬間よりも未来を見据えて行動するという時代は終わってしまった気がします。

ていうか、そもそも未来なんてものはありません。どれだけ能力の高いヒーラーでもカリスマでも「ちょっと明日に行ってくる」なんて誰一人やってません。

この世界に存在しているものは今この瞬間だけであって、未来も過去も頭の中にしかないんです。

なので私的な人生の目的・目標というものは、【この世界をどうやって遊びたいか？】という【この瞬間の意図】に尽きると思っています。

例えるなら、山登りが好き！　という方の場合。
「よっしゃ！　来年は富士登山しよう！」と目標を設定しますよね。それは健全な目標設定です。

自分のワクワク＝山登り→だから一番登りたい山を設定する。

そしてその次には山登りの準備をしますよね？
山登りするための登山靴、防寒着、交通手段などを調べたりパッキングしたりしながら、自分が山登りしている時のことを想像し、夢中になり、心はワクワクしている。
これが【今この瞬間を楽しんでいる】ということです。

対して不健全な目標設定というのはどういうものかというと、二パターンがあります。
一つ目は「テレビで登山が流行っているって言っていたから、私も真似してみようかな」とか、「富士登山したら人から凄いって褒められるかもしれないからやってみようかな」

TV
ん？山ガールって流行ってんの？
山がキッカケで結婚まで？
別に山好きじゃないけど
ウェアはモテ色のピンクと…
出会いがあるかもだし
最初っから富士山登ったって言ったら、飲み会でネタになるかも…
へー
すげー
登山当日
やめときゃ良かった…
げっそり
お！姉ちゃんガンバレ
山登りが好き！
来年こそはいよいよ富士山に登ろう！
よしっ
ドキドキ
あこがれのFUJI
新しいリュックも買ったし
ワクワク
楽しみー♪
ずっとワクワク♪
やったー
移動
じゅんび

という**自分の【外側の声】に基づいて行動すること**。

ここで言う外側の声というのは「他人からの評価・流行」などですが、子どもの頃に

「なんでそんな成績しかとれないの！」

とか、

「なんであの子にできて、あなたはできないの？」

みたいに両親からありのままの自分であることを認められなかった人にほど、強くその傾向が出てきます。

自分がワクワクすることよりも、両親をがっかりさせないことを。
自分が好きな料理よりも、人から批判されない料理を。
自分が好きな洋服よりも、モテ服を。

そうやって子どもの頃から大人に至るまでの間に、何度も何度も自分の本音を押し殺すことを重ねていくと、だんだんと自分が本当は何を望んでいるのかまで分からなくなった

りします。

だからこそその状態の人は、衣食住……

なんなら今日の夕食から自分がワクワクするもの、「あ！　これ食べたい！」というものを選択する練習が必要になってくるのです。

不健全な目標設定の二つ目は、**目的を「あー仕事やってらんねえ！　お！　ストレス解消に富士登山でも行こうかな！」という【日常生活のストレスからの逃げ】や【日々溜めた怒りなどの発散】にしてしまうことです。**

私自身、整体師を十年くらいやっていた時にはものすごく怒りまくっていたんですね。

最近知り合った人はびっくりすると思うのですが……

「時間を守れ！」

「ちゃんとしろ！」

と毎日同僚にムカついていたのです。

そうやってちょっとずつ溜めた不満感を一気に解消するために海外フェスティバルに行

って「あーやっぱりフェス最高！　海外最高！」とストレス発散していたのです。

もちろん、キャンプ生活やフェス、音楽が好きだというのは理屈抜きにあったので現地では純粋に楽しんでいる瞬間ももちろんありました。

でも、その間に自分自身の怒りや思い込みに向き合うことなんてありませんから、結局その最高のフェスを経験してきたにもかかわらず、次の日出勤したら「ちゃんとしろよ！」と怒っていたわけです。

同僚的には「え。お前めっちゃ遊んできたんじゃないの？　なんでそんなにストレス溜まってんの？」と大迷惑だったことでしょう。

これに近しい状況の方の場合、まずは目標的なものを掲げた時に「これは日々のストレス発散じゃないかな？」と自分を振り返ることをオススメしています。

もちろん自分の望んでいることを実現してあげるというのはものすごく大切ですが、どう考えたって富士登山やフェスにいる時間よりも日常生活を送っている時間の方が長いです。ですから、まずはその日々の生活の一つ一つに向き合うことから始めるといいでしょう。

そうして自分の中がクリアーになっていくに従って、日々の生活も楽しいし、たまに遊びに行くことも楽しい、という満たされた状態になっていくんです。

はじめの一歩

目標を設定した時にそれが日々のストレス発散のためでないかチェック

やった回数だけ足跡を残そう！

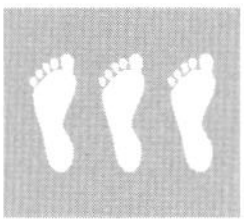

「これをしたら幸せになれるかな？」
と思ったら錯覚。
「幸せだからこれして遊びたい！」
なら本質。

幸せって実は超地味。そして地道

ちまたには「幸せな人がやっている99のこと」的な本が溢れ返っていますが、こういう本を買い漁ってはそれを実行している人に共通することがあります。
それは、「幸せになるための正解がある」と思っているということ。

「幸せになる人たちには共通点があった！」みたいな記事がたまにSNSでもシェアされていたりしますが、あれは因果関係を分かっていない人や論理的に考えられない人が書いているように思えます。

幸せな人の共通点はたった一つ。
幸せなことです。

幸せだから、何でも話せる友達がいるのです。
幸せだから、仕事に充実感を持っているのです。
幸せだから、収入が増えたのです。
幸せだから、ポジティブな言葉使いなのです。
幸せだから、相手のことを思いやれるのです。
幸せだから、人に優しくできるのです。
幸せだから、人に感謝できるのです。

もうこの辺にしておきましょう。このアホみたいに単純な話を、なぜか入れ替えて、

ポジティブな言葉を使えば↓幸せになれる！
感謝すれば↓幸せになれる！
人に優しくすれば↓幸せになれる！

と、錯覚する。
それが冒頭で言った「法則本の罠」とも言えるでしょう。

本当は寂しいのに、本当はもっと自分を大切にして欲しいのに、「幸せになったら救われるはず」と幸せマニュアルに基づいて誰かのためにと行動する。

そうすればするほど、自分の心の奥底は辛くなってきます。

もちろん人のために行動したり、感謝の言葉やポジティブな言葉を使っていたら人当たりが良くなったり人から褒められたりしますが、【自分の本音・肚の声】の抑圧をしながらやっているとしたら、やがては限界がやってくるのです。

じゃあいったい幸せになるにはどうしたらいいの？　とお思いの方もいらっしゃると思いますが、それこそ「知りません」です。

私の場合の幸せは、好きな漫画を一気読みするとか、うまい棒を五種類くらい食べ比べするとか、ものすごい地味です。

人によってはそれが好きなカフェに行くことかもしれないし、お昼寝かもしれない。

その選択肢に優劣はありませんので、

「他人からしたら何が楽しいのか分からない。だけど、自分的には幸せ！」

という感覚でまずは行動してみてください。

自分の欲求を叶えてあげることをやってこなかった人や思考や常識でガチガチな人の場合には、例えば好きなものを食べる時や買う時にだってすぐに思考も感情も動きまくります。

「これを食べたら太るかも……」

「これは添加物が入っていて身体に悪いんじゃ」

「このお金を節約したらキャベツ一つ買えるわ……」

こんなふうにザワザワと。

でも、だからこそそれをやって欲しいんです。

そういうネガティブなバイブレーションや思考が自分の中にあるんだということを体感として自覚することがものすごく大切なのです。

・

コーヒーの後味が舌の上から消えていくように、いたたまれなさが出てきたらそれをただそのまま体感してあげるだけで、やがてすっと身体から消えていきます。

そして身体と連動してあれやこれやと止まらない思考まで自然とニュートラルな状態に

なっていくのです。

まず今この瞬間、自分自身の状態を「あ〜幸せだな〜」というほっこり感で満たしてあげることが最優先。

書店の新刊コーナーを眺めると、まるで幸せになるためには条件が千個くらいあるんじゃないの？　というほど情報に溢れています。


でも幸せって地味です。そして地道です。


割引の札がついた「お徳用ポテトサラダ」でとりあえずお腹を満たしていたならば、前から気になっていた「贅沢なポテトサラダ」を買ってみる。

それだけで感情は動きますし、自分がどんな思い込みを持っているのか？　はうんざりするほど頭が騒いで教えてくれます。

そんなことは大前提、〝まだザワザワしてしまう自分であること〟を受け入れた上で贅沢なポテトサラダをゆっくり味わってみる。

そして、「あーおいしいなあ」と幸せになってみる。

そんな地道な幸せのバイブレーションが少しずつ広がり、やがてはパートナー、家族、友人、仕事仲間などへと拡大していくんです。


なお、自分のワクワクすることがはっきりと分かっている人の場合、兎《と》にも角《かく》にもまずはそれを行動に移していくことです。

それが絵を描くことだとすれば、まずは夢中になって描いてみること。

そうやって楽しんでいるあなたの姿を見て、もしかしたら注文が来るかもしれないし、個展の依頼が来るかもしれません。

ただそれはワクワクすることを実行した結果起こったことであって、すでに絵を描いている時点で幸せならばそれで一旦自己完結の自己満足。

「絵を描くのは好きで楽しいんですけど、お金にならないんです！」という人はすでに今自分が手に入れている幸せというものを素直に一旦受け入れましょう。

その上で、

販売するのが得意な人、
宣伝するのが得意な人、
事務をするのが得意な人、
などそれぞれのワクワク得意分野をパズルのように組み合わせて、ビジネスとして展開できるかなーと楽しんでいったらいいのです。

はじめの一歩

ザワザワすること前提で、〝自分の好き〟を最優先する

やった回数だけ足跡を残そう!

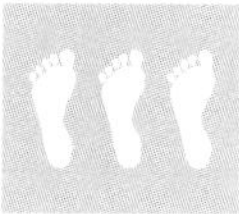

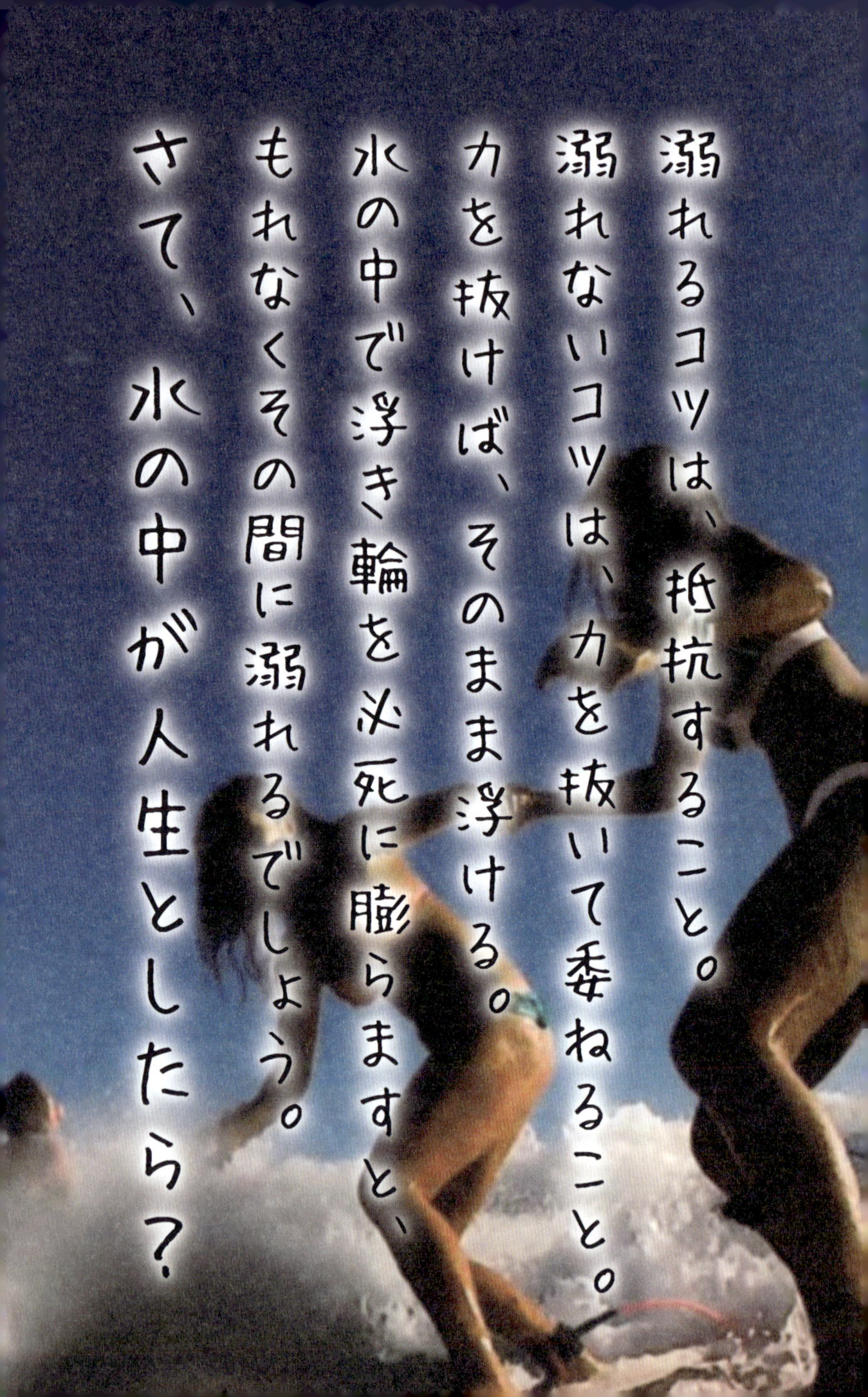

溺れるコツは、抵抗すること。
溺れないコツは、力を抜いて委ねること。
力を抜けば、そのまま浮ける。
水の中で浮き輪を必死に膨らますと、
もれなくその間に溺れるでしょう。
さて、水の中が人生としたら？

あの人はああ言った。で、あなたはどうしたいの？

楽に生きていくためにはあらゆる物事に抵抗しないのがものすごく大切です。

その中には外側に起こる問題や批判者と戦わないということの他に、【自分の内側に起こる感覚】に抵抗しないということも含まれます。

「よそはよそ。うちはうち」という格言めいた言葉もありますが、他人が何をどうしていようともそれはそれとして「で、私は？」とすぐに意識の矛先を自分に向けてあげるのです。

具体例を挙げると、「和食が好き！　特に寿司！」という人がいたとします。

これを自己完結で自己満足の世界観に置き換えると、「寿司おいしいなあ――」とほっこり幸せな状態。その人を見て板前さんも一緒にいる人も幸せな気分になります。

この単純な話に【抵抗】というものを交えると、とたんに『コント・寿司屋劇場』になります。

「もう一つ食べたいけど太るかしら」
「おいしいけど時価っていくらなのかしら」
↓「おあいそお願いしますわ」（抵抗したせいで不満感が残る）

一緒にいる人「私はフレンチも好きなのよね」
↓「なによそれ！　寿司じゃ嫌だって言うの⁉」（単にその人は自分の意見を言っただけなのに怒りという名の抵抗をぶつけてる）

もしくは、
↓「フレンチよりも寿司は格式高いのよ！　私が解説してあげるわ！」（自分の好みを否定されたことを自分が否定されたように捉えて相手をコントロールし、抵抗しようとしている）

こうやって食事のシーンに置き換えるとよく分かると思うのですが、単にそれぞれが自分の好きな料理を食べて満足しきっていたら、誰とも争う必要はありませんよね。

一緒にいる人「私はフレンチも好きなのよね」

あなた「へー、そうなんだ。私もフレンチ食べてみたーい♪（今はお寿司を食べるけど）」

これだけで終わる話のはずなんです。

よく人の悪口を言ったり、ディスったりしている人は単にネガティブな感情が強いだけ。そしてその八つ当たりをしているだけです。

どんなに社会的に成功している人であろうが、人気があろうが、その人が外側に向かって吠え続けているのならそれは幸せとはほど遠い状態です。

想像してみてください。

寿司を握ることが大好きな寿司職人のところに行って、その板前さんが幸せそうにしているだけで幸せな気分になりませんか？　すごく嬉しそうな顔で「いやーいい魚が入ったんですよ！」と言われたら、ちょっと頼みたくなりませんか？

私は自分で行くならばそういうお店を選びます。

それに、味はそこそこでも〝店の人に会いたいから〟ってだけで流行っているお店もいっぱいありますよね。

フランス料理の悪口を言いながら「うちの寿司は芸術だぜ」と言っているような寿司屋には、【一緒になって悪口を言いたい不満を溜めた人たち】が集まるでしょう。

いずれは「アンチフランス料理の寿司屋のカリスマ」にはなるかも知れませんが、私はそんなお店で食事したいと思えません。

好きなものを作る人と好きなものを食べる人。私はそういう食事を選びます。

【好きなモノを好きなだけ食べよう】とした時に出てくる抵抗感や罪悪感は大抵の人にあるものです。でもその上で、自分の素直な欲求を自分で叶えてあげることができるか？が自分で自分をどれだけ大切にしているのか？　のバロメーターにもなるんです。

【自分の中に起こるあらゆる感覚を否定しない】これだけで生きやすくなる人はかなり多いんじゃないかと思います。

ともすると子どもの頃は感情表現が豊かなだけなのに「メソメソするな！」「女の子は

怒るんじゃありません！　笑っていなさい！」とネガティブな感情を抑え付けることを強要されていると、大人になってからも素直に落ち込めなかったり、弱音を吐けなくなったりします。でもそれってすごく不自然なこと。

特に女性は生理周期に合わせてホルモンバランスも変化しますので、感情が揺れ動くのは単に自然現象みたいなものです。

感情台風が来たなら、「ああ荒れているな～」、落ち込み低気圧が来たなら「ああ落ち込んでいるな～」とそのままの自分をただ認めてあげたならそれでオッケー。

そうやって自分の感覚を否定することなくただ受け入れていくだけで、台風の後の晴れた空みたく自然とエネルギーは回復しますし、動きたくなってきたりするのです。

はじめの一歩

自分の中に起こるあらゆる感情を否定しない

やった回数だけ足跡を残そう！

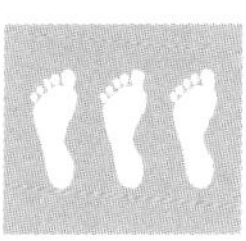

どんな環境になったとしても、
どれだけの人に囲まれたとしても、
穴の空いたコップに水は溜まらない。

世界の見方を変える前に、自分の味方に

「世界の見方を変えましょう」ってメッセージがすごく多いなと思うんですけど、見方なんて変えなくていいんです。

他人はみんな自分の敵だと思っているならそれもオッケー。

世界は自分に冷たいと思っているのならそれもオッケー。

で、そんなふうに世界を見ているのは置いといて「で、ほんとはどうしたいの?」なんです。

例えば三十歳超えて歌が好きだ! ということに気がついて、歌手になろうと思った時。

歌を歌うこと。それも人前で歌うことが自分にとってワクワクすることならまずは実行したらいいんですよ。

誰も止めたりはしません。

その時に、

「どうせみんな聞いてくれないよ」

「バカにされるに決まっているよ」

と思っていてもオッケーなんです。

だってそんなふうに思っていることは事実なんだから、そこをわざわざ否定する必要はないってことです。


ただありがちなのですが、そういう時に「大丈夫。世界は優しい！」と思い込もうとすることは止めておいた方がいいです。

なぜならはじめの一歩として路上ライブをした時に誰も振り向いてくれないという理想と現実とのギャップにショックを受けて二度と立ち上がれなくなりますから。

世界が最初から100％味方してくれるなんてありえないし、どれだけ存在が突き抜けたとしても全人類から批判されないなんてありえませんからね。

路上ライブに限らず、何かを始める時は、何かと「批判」が付きものなのです。それぐらい人間は批判したい生き物だということです。

で、せっかく自分のワクワクすることに向けて一歩を踏み出したのに、批判されたり、上手くいかなかったからといってすぐに歩みを止めてしまうのはとてももったいないことだと思います。

だから、自分が望むものに向かっていざ進む時には、どれだけ心がザワつこうが、いたたまれなくなろうが、そんな自分であることをまずは受け入れた上で一歩ずつ前に進んで欲しいんです。

そうやって進んだ結果、路上に立ち、

ほんの一人でも足を止めてくれたなら、

ほんの一人でもお金を払ってくれたなら、

その瞬間に世界の見方が変わるんですから。

ちなみにこの【弱い自分・ぶれる自分・恐れる自分】を否定して、平気なフリ、元気なフリを長い間繰り返していると、だんだんと【ぱっと見笑顔なんだけど何考えているか分からない気持ち悪い人】になります。

なぜか犬に吠えられ、赤ちゃんに泣かれるようなタイプはここに属します。

エネルギーの気持ち悪さがバレてしまうからです。

さらにそうやって、

【○○星から来た的アイドル】や
【できる人・輝く人のフリ】

をして売れてしまった場合はもっと辛いことになります。

本当は弱い自分や寂しい自分がいるのに、社会的に打ち出した【仮面の自分】に自分自身が縛られてしまっている状態。

これは超一流のアーティストや俳優でもセミナー講師でも著者でも同じです。

弱音を吐ける友達や深いところで繋がっているパートナーや家族がいないと圧倒的な孤独感に打ち拉《ひし》がれ、ドラッグ中毒になったりするのです。

自分で勝手に仮面を被っておいて、「誰も自分のことを理解してくれない」というコントレベルの孤独をいつも抱えてしまっているというわけ。

いつでも完璧なタレント像を演じているのであれば、その「虚像ごっこ」はゴッコ遊びとして、ちゃんと仮面を外せる空間を自分で確保しておかないと精神的なバランスを崩しがちになります。

また、「世界ムカつく。俺が歌で世界を変えるぜ」的に自分の怒りや不満から歌声を発していると、怒れるカリスマにはなりますが、穏やかな幸せというものからは離れていってしまいます。

だって何度も言ってますが、それによって周りに集まってくるのは多くが怒れる（イカレる）人なわけで、そんな状況……

穏やかとは真逆の状態ですよね。

「歌が好き！　でもなかなか思い切って一歩踏み出すことができない」

という時には、

「俺が本物の歌ってのを聞かしてやるぜ！」

という怒りのエネルギーははじめの一歩としては役に立つのですが、ずーっと怒りだけをエネルギーをしていると必ず疲弊します。

ネガティブな感情、特に荒々しい怒りや不満感からの「行動しよう」とするエネルギーを活用する場合には、三ヶ月経過したくらいで一旦立ち止まって

「で、ほんとはどうしたいの？」

と自分のワクワクを振り返ることをオススメします。

はじめの一歩

怒りをエネルギーにして行動するのを止めてみる

やった回数だけ足跡を残そう!

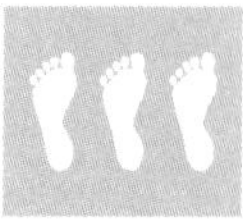

第二幕　自分の声、聞こえてる？

学生だから……。
ださいから……。
苦手だから……。
歌がうまくないから……。
おばさんだから……。
おじさんだから……。

で、ほんとは
どうしたいの？

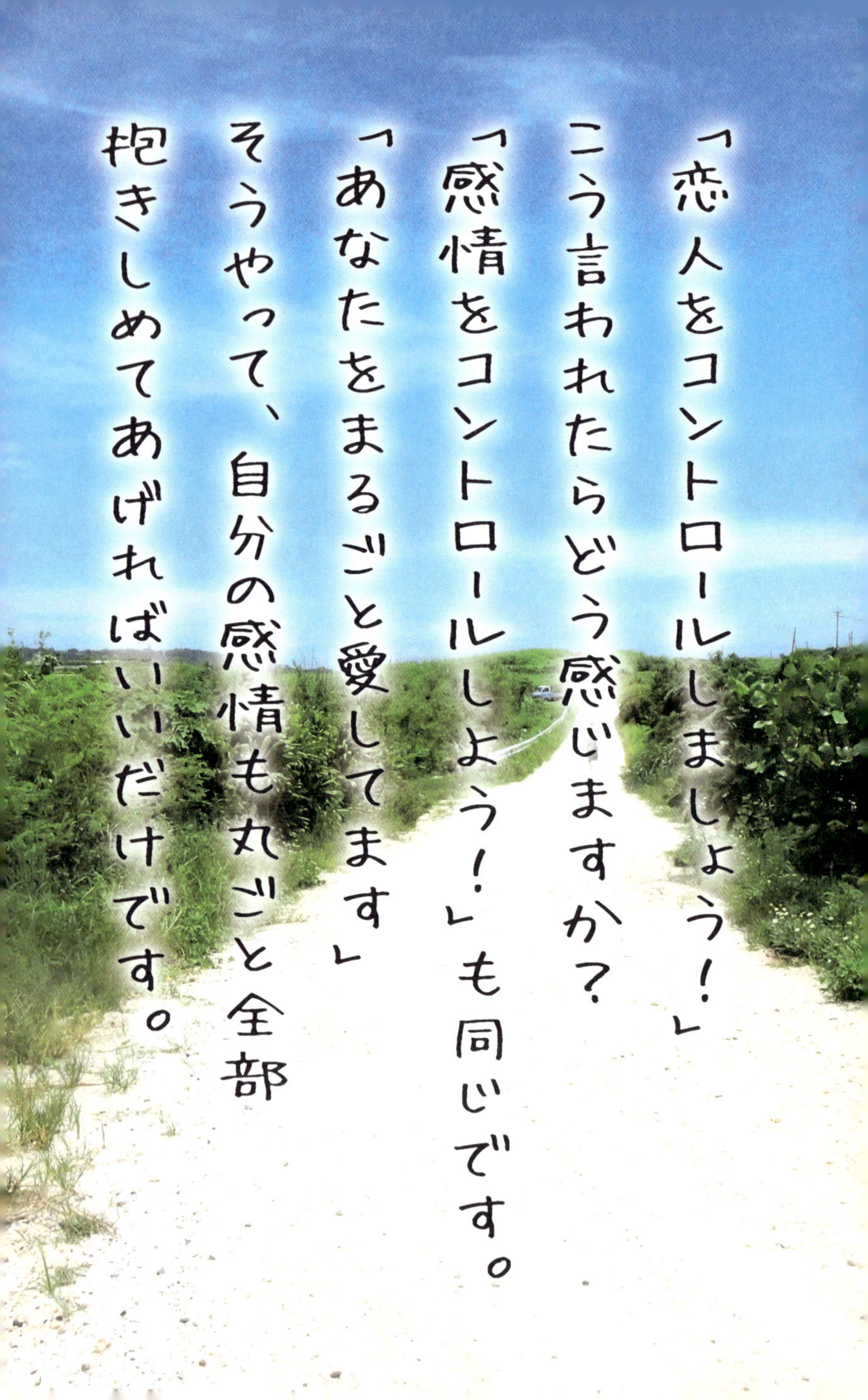

「恋人をコントロールしましょう！」

こう言われたらどう感じますか？

「感情をコントロールしよう！」も同じです。

「あなたをまるごと愛してます」

そうやって、自分の感情も丸ごと全部
抱きしめてあげればいいだけです。

喜怒哀楽の使い方を忘れたあなたへ

今までいろんな勉強をしたりたくさんの人にカウンセリングして来た経験から言うと、喜怒哀楽の感情がない人はいません。

が、まるで感情をどこかに置き忘れたかのように何を考えているか？　何を感じているか？　が分からない人はいます。

これには、

パターン①：【自分では自分の感情を自覚しているけど、社会的な常識や今まで受けてきた抑圧からそれを表現することを恐れている人】と、

パターン②：【もう自分でも何を考え、感じているかが分からなくなっている人】

の二つのパターンがあります。

パターン①の場合。

思い切って出てきた感情を表現しましょう。この一言に尽きます。

感情を表現したら批判されたり、冷たくされたりして落ち込むことも時にはあるかも知れません。

しかし、なんのことはない。もともと自分の中に落ち込む種があっただけです。

多くの場合、そんな弱い自分を子どもの頃に否定された経験から「もう同じ思いはしたくない」と自分を抑えることを学んだわけなのですが、この本を読んでいる以上、あなたはきっともういい大人になりました。ご機嫌を損ねたらママのおっぱいがもらえなくて命に関わるかもしれない赤ちゃんならまだしも。

なので、誰から否定されようが、嫌われようが、それだけで命に関わることはありませんので、どうぞ安心して落ち込んで欲しいと思います。

この分野については精神神経免疫学の分野でも研究が進んでいて、免疫性疾患になりやすい人は感情表現に乏しいそうです。

これは意識して作り笑顔をしているからオッケー、というものではなく、自分が感じていることを素直に表現できているかどうかが大切です。

よくありがちなのは、「ネガティブな感情は悪いものだ」と思い込んでいる人が寂しかったり、ムカついたりした時にそんな自分を否定して、平気なフリをしたり、ポジティブに思考を切り替えようとあれこれすることです。

残念ながら、これは一見有効に見えますが効果は一時的です。

感情というエネルギーを抑え込むために思考を使ったり、作り笑顔をして気持ちを切り替えることによって、本来表現すれば解放されたはずのエネルギーが体内にこもることになります。

そしてその抑え込まれたエネルギーは不自然なバイブレーションとなり、自分の周りの現実がそのモヤモヤ感を引き出させるために問題や敵を発生させるのです。

パターン②の場合。

まずは身体を緩めるところから入るとやりやすいです。「感情」という呼び名を使っていますが、実は感情なんてものはありません。

それはスピリチュアル的な話ではなくて、単に人間の身体を顕微鏡で見た時に「あーこれは不安の原子だねぇ」とかないですから的な話です。

今この瞬間自分の身体にあるものは極小の世界に行ってしまえば単なる粒子です。原子のことを知らない人はいないと思いますが、身体というのは単にくるくる振動しているだけの純粋なるバイブレーション。

バイブレーションであることは至極自然なことなのに、感情がぶれないように（バイブしないように）とか落ち込まないようにと無理して頑張っているうちに、そのバイブレーションに気がつけなくなっているだけ。

それならまずはその身体の緊張状態を緩めてあげて、少しでも自分の感覚に敏感になるように導いてあげることが大切なのです。

「身体を緩める」というとまた難しく考える人がいそうなのですが、単に「温める」でもいいですし、眠かったら寝てください。

温泉やマッサージ、アロマが好きな方はそういった五感が喜ぶことをしてあげるだけでも良いです。

少し感覚を取り戻してきたら、食べたいものを食べる練習です。今度はご飯をゆっくりと味わってあげる。自分がおいしいと感じることができるか？　を丁寧に感じていってあげることです。

そうやって少しずつ身体感覚を取り戻していくと、

「へえ、お米って本当はこんな味がしてたんだ。おいしい」

みたいにだんだんと自分の感情が動き始めるのが分かってきます。

そうなった時には先に挙げたように【感情表現の練習】ですね。

これはパターン①にも②にも共通することですが、今まで感情を抑えて生きてきたイイコ・真面目な人の場合には、反抗期が遅れてやってくることがあります。

その場合は（犯罪にならない程度で）直接相手に向かって表現してもいいですし、今まで何十年間と溜めた怒りをいきなり出すと殺意にまで転化しそうだという方の場合には相手がいないところでいいので、表現して体感してみて、ガス抜きをしておくと良いでしょう。

子どもの頃に反抗期がなかった、怒りを感じたことがほとんどないという方こそ注意が必要で、記憶に残っていない子どもの頃に怒りを徹底的に抑圧するような体験をしているのかもしれません。

そういう人の場合には「怒りを表現してみてください」と言われても加減が分かりませんので、いきなり警察沙汰になる可能性もあります。

・枕を口に当てて叫んでみる
・ときめかない茶碗を割ってみる
・風呂に顔をつけて暴言を吐いてみる
・カラオケでブルーハーツの歌をシャウトしてみる
・車の中で叫んでみる

など、まず一人でできることをやってみて、感情を表現した後に自分の身体感覚にどんな感じが出てくるかを試してみてください。

（注）この遅れた反抗期については一度や二度の表現で解決できる話ではありません。経験上、何十年も良い人を演じてきた人の場合には、数ヶ月くらいは嫌なやつになって、その後自分にとってのニュートラルな自然体ポイントを見つけられる人が多いようです。

はじめの一歩

喜怒哀楽、出てきたままに表現してみる

やった回数だけ
足跡を残そう！

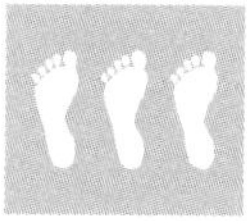

元気な時も落ち込んだ時も
どっちも自分。

不安は絶対に消えないけど、それを楽しむことはできる

「岡田さん、なかなか不安が消えないんですけど何かやり方を間違っているんでしょうか？」

とよく質問されます。

でもそれ、その質問が出てくるということ自体そもそもの前提が間違っています。

【ネガティブな感情は良くないものだ】という思い込みですね。

だから「いつなくなるんでしょうか？」という質問になると思うんですけど……

「そもそも不安は消えるわけありません。人間だものbyおかを」

です。

わざわざ喜怒哀楽を体験したくて、人間てものを体験したくてこの地球に産まれてくることを選んできているわけですから、どんな感情であれ

「この辛い感情から解放される努力をしよう、なくなれば楽になるから」

という立ち位置自体が本来の立ち位置とずれてしまっているんですよね。

私だって月末に税金などの支払いが重なった時には

「おぉぉ、なんかどうしようもないように見えるゾ。今月は乗り切れないように見えるゾ。おぉぉぉぉぉぉ」

と不安が出てきたりしますからね。

ただ「不安が消えないんですが」という質問をしてくる方との違いは何かと言うと、その不安感が出てくること自体を楽しんでいるということです。

例えるなら遊園地のジェットコースターに乗って、

「うわー！　落ちるー!!　怖いーー!!!」

と遊んでいる感覚と同じ。

ジェットコースターの入り口に
「このジェットコースターは三回に一回、人が落ちます」
と書いてあったらどんな絶叫コースターマニアでも乗らないと思います（それは私も例外でなく乗りません）。

あれは〝このシートベルトを締めているから絶対に安全だ〟という確信があるからこそ、【安心して恐怖を味わえる】わけです。

それと同じで、何度も落ち込んだり失敗したりしながらもそんな自分を受け入れ、その度に「あ、意外となんとかなるもんだな」というのを体感しているとだんだんと【安心して不安を味わえる】【安定していたたまれなさを味わえる】ようになっていくんです。

この前『NARUTO』という漫画を読んでいたら「心を受け入れる、で愛」っていうフレーズがありました。

なるほどなぁと思ったのですが、その【自分の状態がどんなものであろうと受容する力】が本当の意味での愛なのではないでしょうか。

ちなみに悲しい時には元気な曲……

ではなく、悲しい曲を聴くことでその気分がやわらぐという実験結果もあるそうです。

ちゃんとその瞬間の自分の状態を受け入れてあげることができると自然と解放されるという分かりやすい例だと思います。

この【弱さを受け入れる】を自分で体験してきている人の場合、誰かがネガティブな状態になっていたとしてもそれを無理に変えようとはしません。

「この人は今こういう状態なんだな」と認めてくれた上で、ただ側にいてくれたりするんです。

そうできるのは「人は自分で立ち直れる強さを持っているんだ」と、弱さを認めることで強くなっていくものだと自分自身の体験から知っているからと言えるでしょう。

だからこそ確信を持って、人を見守れる強さを持てるんです。

なお、この【受容】ができていないと、自分の弱さを隠すためにテンションを上げたり不自然なほどにポジティブを押し付けてくる迷惑な人になります。カラ元気の言葉の通り、本当は元気の入っていない、空の元気をぶつけてくるんです。

そういう人の前でうっかり、

「ちょっと落ち込んでるんだよね」

と言おうものならすかさず、

「そんな時は上を向いて元気出せよ！」

と余計なお世話この上ないコントロールをしてきますので、早々にその場から立ち去ることをオススメします。

落ち込む時には落ち込み、悲しい時には悲しむ。

それは子どもの頃ならば誰しも持っていた才能です。

感覚を忘れてしまっているのなら、リハビリをして感覚を取り戻していけばいいんですよね。

はじめの一歩

不安が出てきたら消そうとせず
ありのまま感じる

やった回数だけ
足跡を残そう!

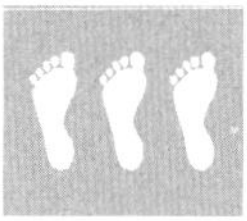

毎日文句を言っても「怒り」が
なくなるわけではない。
吐き出しても、感情は消えない。
押さえ付けていたぶん、
楽にはなるけど。

怒りをグツグツ沸騰させない方法

「自分の心に正直に」というメッセージだけを見ると、
「じゃあムカついたら相手をボコボコにしていいのか！」
と怒る人がいるのですが、言うまでもなく違います。

自分が感じるもの、
本当にしたいこと、
本当はしたくないこと、
に正直に生きるということ。

そして相手との関係性で言うならば、

本当はこう扱われたい、
こんなふうにして欲しい、
というのを正直に相手に伝えていくということです。

例えば、「彼氏からメールが一日一回しか来ないのが不満だ」という人がいるとします。
でも、もしも彼氏サイドが「心で繋がっていたらメールは一日一回で充分だ」と本気で思っている人ならば、相手に「本当はこうして欲しい」という気持ちを伝えずに、メールの回数が増える可能性はほぼないでしょう。

特にパートナーシップにおいて大切なのは「私はこうして欲しい」という要望をちゃんと伝えること。

「そうされていないと寂しい。大切に扱われていない感じがする」というように、相手をむりやり変えようとするのではなく、
【私はこう思った。感じた】

を相手に伝える努力をすることです。

人それぞれ【こんなふうに扱って欲しい】というのは違います。

心で繋がっていたとしても、その表現があまりに違う場合はお互い勝手にいじけてしまって本当は好きなのにケンカ別れになってしまうこともあるのです。

私の場合ですと、両親ともに素質としては自分中心の自分軸をもともと持っていました（動物占いでいうゾウ・ライオンです）。

なので自分たちなりの愛情のかけ方で私のことも愛してくれていたと思うのですが、私は素質として他人軸が強いタイプです（動物占いでいう黒ひょうです）。

小学生の頃から成績の良かった私としては、本当は褒めて欲しかったんですよね。

でも両親はともに自分中心の世界にいる方々ですので、出した結果を褒める、ということにあまり関心がなかったのでしょう。

褒められた記憶がほとんどありません。
そのせいでてっきり愛情をかけられていなかったのだと思い込んでいたのが過去の私。
しかし母いわく「ちゃんといっつもあんたのこと気にしてたよ」と。

黒ひょうの私としては「いやいや、気にするというか、褒めて欲しかったのよ！」と思ったのですが、愛情はしっかりとそこにあったわけです。
ただお互いの素質が違うために、子どもの頃の私は気がつけなかったということ（ましてや子どもだし）。

この一連の流れからも分かるように、**相手に自分を理解してもらうためには、常日頃から【私はこういう人間である】ということをちゃんと表現することがすごく大切なのです。**

ちなみにこの【自分で言わなかったくせに、勝手に我慢したポイントカード】には段階があります。

通常パートナーシップですと、
最初は「メール少なくて寂しいなー」（我慢我慢）で始まり、
↓「つーかメールくらいしろよ」（寂しさからの怒り）とグツグツ温度は上がっていき、
↓ふとしたきっかけで「もう限界!!!」（そんなことになってるとは知らない男性は「えぇぇぇ（驚）！」）と沸騰。

こんな具合に、好きだからこそ産まれた寂しさが我慢しているうちにいつの間にか発酵して怒りになっていたりします。

だからこそ最初に芽生えた寂しさの段階で正直に相手に伝えることが大切（というか、男性的に言わせてもらうと、男ってバカだからちゃんと言って欲しい）。

もちろんその寂しさを感じることがありきではあるのですが、単なる価値観の違いによって勝手に溝を深めて別れ話に発展するよりも、正直に言うだけで解決することならば早めに手を打ってすっきりしてしまった方が良いのではないでしょうか。

一般的な男性の場合ですが、女性から突然、

「もう限界!!!」

と言われても何が何やら分からないでしょう。

だって言ってくれてないのだから（もう一回言います。というか、男性的に言わせてもらうと、男ってバカだからちゃんと言って欲しい）。

まして女性側も最初は好きだからこそ寂しかったはずなのに、いつの間にか怒りに囚われてしまっている状態で毎日吠え続けても何も解決しません。

本当は寂しいだけなのだから。

感度がものすごく良い男性ならば女性が無理して作り笑顔をして「私は大丈夫だよ。仕事頑張ってね！」と言われたら、「どうしたの？　何かあった？」と聞いてくれると思いますが、その割合は極々少なめです。

その時に「気がつけないこいつはダメだ！」と見限るのではなく、「私が好きな男性だからこそ、鍛えられるはず」とちゃんと自分の意思を伝える努力をすること。

それがお互いにとって楽な自然体でいられる人間関係を築くコツでもあるのです。

少し恋愛の話に偏りましたが、同性においても、親子関係においても、人間関係全てにおいて、【私はこう思う。こう感じている】を伝えることが大切になります。

ていうか、伝えるのなんてタダだし、伝えたってやるかどうかは相手が決めることなので、気軽な気持ちでトライぐらいで良いと思います。

はじめの一歩

相手に【私はこう思う】を伝えてみる

やった回数だけ
足跡を残そう!

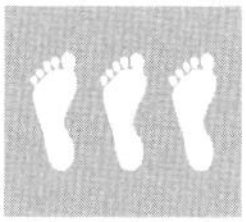

【愛されるゲスな女と欲求不満オバさんの違い】

愛されるゲスな女は、
自分の好きなことに
夢中なので人と
争うヒマがない。
自分を満たす
のは自分だと
知っている。

欲求不満オバさんは、
人と争うことに夢中なので
好きなことをする時間がない。
自分を満たすのは
他人だと思ってる。

なぜあの女は嫌われるどころか、みんなに愛されるのか？

「ゲスな女」という言葉が今年流行りましたが、その「ゲス」という言葉をはき違えると「単なる欲求不満おばさん」になるんです。

「ゲスいのに愛される女」と「単なる欲求不満おばさん」の違いは何かと言うと、

【まず自分で自分を満たした上で行動している人】

と、

【自分で自分を満たしていないから外側に向かって吠えている人】

との違いです。

自分を満たすという部分において、「欲」というのはもともと持っているもので何も否定する必要はないのですが、特に、

・**食欲**
・**性欲**
・**睡眠欲**
の三大欲求と言われているものを常識や思い込みによって抑え込んでいるとエネルギーのバランスが崩れることが多いのです。


まず食欲の場合。

自分が好きなものを自分で自分に食べさせてあげるのがまず大切。

深夜一時でもポテトチップスを食べたくなったら食べる。

同僚からランチに行こうと誘われても、自分がその時食べたい料理じゃないのなら別の店に行く。

など、ほんとにささやかなのですが細かな自分の欲求を満たしてあげているか？　がポイントになります。

こうして自分の欲求に忠実な場合には自分の食べたいものを食べているのでご機嫌。

そうして楽しくおいしく料理を食べることによって自律神経もちゃんと働き、内臓も喜んで食べ物を消化してくれるんです。

ところが、食べたいものがふと浮かんでいるのに

「でもダイエットしなきゃ」

「みんなに合わせなきゃ」

と自分の肚の声を抑えていると、もちろん不満感が募ります。それはストレスとなって自律神経に影響を及ぼし、内臓の働きも鈍くなって結果として太りやすくなったりするんです。もちろん欲求不満ポイントも沸々と溜まっていきます。

性欲の場合。

ゲスな女なのに愛される女性というのは、まず最初に自分で自分を満たしています。

それは日常生活の中で肚の声、子宮委員長はる的に言うと子宮の声に忠実に生きているということ。

前述しましたが、子宮・膣などの自分が女性であることの象徴の部分に対して、自分で

ちゃんとケアをしてあげているか？　も大切です。

詳しく言うと、下着などで物理的に締め付けない、冷やさないということもそうですし、一人エッチや膣マッサージをして自分で自分の身体、特に女性としての部分に対してどれだけ意識を向けているか？　などなど。

自分で自分を心地良くする。自分で自分を気持ち良くする。

そうやってセルフパートナーシップを行なうことによって自分一人だけでも充実感が生まれてくるのです。さらにこの「私は私を大切にする」というバイブレーションが周りにも伝わるので、自然と周りの人も優しくなってくるんです。

ニコニコしていて楽しそうに笑う人って自然と周りからも愛されますよね。

もちろんこれは、周りから愛されるために作り笑顔をしているのではなくて、セルフパートナーシップを行なっているからこそ溢れ出る幸せな笑顔のことです。

だからこそ自分を自分で満たしているゲスな女は愛されちゃうというわけです。


愛されるゲスな女は自分の欲求に忠実です。

なので常識に縛られている人からしたら「え！　ゲスい！」とちょっと引いてしまうようなことも平気で言ったりします。

でもそこにあるバイブレーションは何も抑え込んでいないので嫌味のないカラッとしたエネルギー。だから過剰に反発されることもなく、なぜか分からないけど周りのみんなが味方してくれたりするんです。

職場でもいませんか？

「その仕事はやりたくないんですー！」と、社会人としてどうよ？　っていう発言をしているのに、なぜか嫌われない人（というかむしろ好かれている人）。

それはその人が自分に正直であることを許しているから。

「これ食べたーい！」

「眠ーい！」

「ここ行きたーい！」

という一見子どものような無邪気さを含む欲求に素直に従っていること。それが勝手に愛されてしまうゲスな女なのです。

ところが、自分満たしをしていない人、自分で自分の身体に触れていない人、自分を気持ちよくしてあげることをしていない人の場合だと話が全く違ってきます。

「食べたい！」

「行きたい！」

「やりたい！」

という自然な欲求を常識や思い込みによって抑え込んでいると、次第にストレスが溜まってきます。また、特に女性の場合顕著なのですが、自分で自分の性器を見たことがない、触れたこともないという方の場合、自分が女性として扱われることにすら抵抗感が出たりするのです。

そういったセルフパートナーシップを行なっていないことによって募った不満感を外側の世界に向かってピーピー吠える！　これが単なる欲求不満オバさんのケースです。

ゲスな女に対して、

「あんたかわいいだけで通用すると思ってんの⁉」

と吠えたり、男性に対して

「男なんだから、私を大切に扱いなさいよ！」

と文句を言ったりと、自分のストレスを誰かや何かのせいにして吠えているだけ。

そして、外側の世界に向けている声は、自分の肚（子宮）が自分に言っている声。

自分で自分を大切にしていないから周りも自分を大切にしてくれないだけのことなのです。なのでどれだけ吠えようともいつまでたっても幸せにはなっていきません。

要するに、愛されるゲスな女は【自分で自分の肚の声を大切にしているから、周りからも大切にされる】。

欲求不満オバさんは【自分で自分の肚の声を大切にしないから、周りからも大切にされず、そこに対して欲求不満をまき散らす】。ただそれだけのことです。

はじめの一歩

自分で自分の性器を見てみる

やった回数だけ
足跡を残そう！

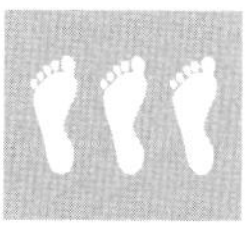

辛さを耐えて笑うより、
本気で泣いて、
怒ってみようと思う。
誰に嫌われたとしても、
これ以上、自分を
嫌いになりたくないから。
泣くのを我慢するより、
思い切り泣いて、強くなる。

私は、イイコじゃない。
わたしは、わたし。
めいっぱいのわたし。

ウ○コも涙も出るとスッキリする

泣くのは得意ですか？　私は苦手です（おい）。

特に男性や長女気質の女性に多いと思うのですが、

「泣くんじゃない！」

「男が弱音を吐くな！」

「笑っていなさい」

と押し付けられて育ったような人ほど、辛い時や悲しい時に泣けない傾向があるんです。


でもね、泣きたい時は泣いた方が良い。


だってその方がスッキリするから。

ウ○コが出そうなのに我慢したらただただ苦しい。それと同じように涙だって、出たいから出ようとしてるのに、無理にこらえていたらただただ辛いだけです。
あと、シンプルに「泣く」という行為はストレス発散になるとも言われています。
ただ人前で泣くというのはハードルが高いという方の場合には、まず感動的な映画を見るなどして、心を震わせ→感動したらそのまま涙を流してみる練習がオススメです。

個人的なオススメとしてはインド映画の『きっと、うまくいく』。
インドの作品なので母の呪いならぬ父の呪いの描写が多いのですが、大学を卒業して自分の夢に向かって進んでいくくだりは自分のやりたいことを抑え込んでいる方や両親と和解したい、仲良くなりたい、という方の涙腺崩壊間違いなしです。

ちゃんと泣いてあげる。

弱音を吐いてあげる。

そうやって自分の内側を表現した後に身体に感じるものをちゃんと感じていってあげる。

その繰り返しによってだんだんと本当の意味での強さを手に入れていくんです。

この自分で自分の本音を自覚して表現して体感する、をやっていないとどうなるか？

異性から「そんなに無理しなくて良いんだよ。本当は寂しいんでしょ？　泣いても良いんだよ」と言われるとコロッといってしまいます。

これはその人に恋したわけではなくて、自分で自分に伝えたい言葉を代弁してくれたから、擬似的に恋愛感情を抱いているだけ。

まあそういう恋愛ごっこも好きならば勝手にやっていたら良いと思いますが、本当に深いパートナーシップを目指すならば早めに止めておいた方が良いでしょう。

はじめの一歩

泣きたい時は思いっきり泣いてみる

やった回数だけ
足跡を残そう！

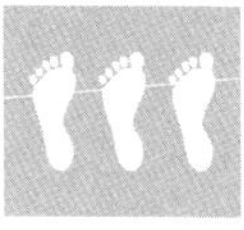

「楽しいから笑うんじゃなく、
笑うから幸せになる」だって？
そうやって、涙こらえて怒りに耐えて、
イイヒトぶって仮面を作って。
いつになったら仮面を外すんだい？
笑えない自分がいるなら、
思いきり泣いたらいい。
痛々しい作り笑顔より、
自然な涙は美しい。

作り笑いの仮面を被った、怒れる〈ヘイカレる〉人

「口角を上げると楽しい気分になるよ！　だから落ち込んだ時は口角を上げましょう！」という言葉をご存知の方も多いと思うのですが、これは半分本当で半分罠です。

まず口角を上げると楽しい気分になるというのは本当です。

実際、脳の働き上「楽しい表情をしているということは楽しいはずだ」と錯覚してくれて、一時的なものではありますが楽しい気分にはなれます。

が！　そもそも、

「落ち込んだり不機嫌である自分はダメだ」
「人を不機嫌にさせちゃいけない」
「空気読まないといけない」

「嫌われちゃったらどうしよう」

と不安感や寂しさ、そして人に嫌われないために口角を上げて笑顔を作り好かれる努力をしているなら、口角を上げる前に一度率直な自分の感情に向き合った方が良いです。

さもないと弱い自分への自己否定としての【笑顔の自分】になってしまいます。

それが何十年と繰り返されると「あなたはいつも穏やかで良いわね～」と言われるけど実は腹の中ではしょっちゅうブチ切れている人になったり、果ては「寂しさって何？」と自分の感情すら分からなくなってしまったりもするでしょう。

つまり作り笑いの仮面を被った、怒れる（イカレる）人です。

残念ながらすでに自分の感情がよく分からなくなっている。

作り笑顔や空気を読むことが癖になっている。

という方の場合には、単純に「どうして？」と自分に質問してあげることをオススメします。

一例を挙げると、

「不機嫌だと人から嫌われちゃうかも」

↓「どうして嫌われちゃいけないの？」

↓「嫌われたら寂しくて仕方ないから」

と、こんな具合に。

このケースで言うと、ここで【寂しい】という感情が出てきたので「なんだ、私は人から嫌われたくないんじゃなくて、寂しいだけなんだ」と自覚し、ただその寂しさに寄り添ってあげたら良いんです。

自分で自分にヨシヨシ、なでなでしてあげる。

鏡に向かって「寂しかったんだね。よく頑張ったね」と言ってみる。

など、子どもが両親からして欲しがることを自分で自分にまずやってあげましょう。

その上で「で、ほんとはどうしたいの？」の応用もできます。

「人から嫌われないとしたら、ほんとはどうしたいの？」

「空気を読まなくていいとしたら、ほんとはどうしたいの？」
「涙をこらえなくていいとしたら、ほんとはどうしたいの？」

思考は常日頃あれこれとやらない理由、できない理由を見つけてきますから、じゃあもしその問題がないとしたらどう？　と視点を切り替えてあげることによって本音を導き出すのです。

これはセルフセラピーとしてもかなり使えるので、実際に試してみてください。

きっと、普通では辿り着けなかった、びっくりするような本音が出てくる人もたくさんいらっしゃると思います。

ちなみにこれは、今回の作り笑顔シチュエーションに限らず、起業・結婚・お金など日常生活の悩みにも応用できます。


「もし絶対に失敗しないとしたら、起業する？」

「もし誰からも反対されないとしたら、結婚する？」

「もしお金に全く困らないとしたら、何をする？」


表面的な問題がないとしたら？

という視点を持って自分の望みに向き合ってみる。

そうして出てきた肚の声はすぐに100％実現できるものではないかもしれません。

だけど、ほんの少しずつでも叶えていってあげる。

もちろん最初から全てうまくいくわけではありません。失敗もしますし、挫折も絶望することもあるでしょう。


でもそもそも自分の意思で選択した道。

だからこそ肚をくくって進んでいく。

落ち込んだり、弱音を吐くこともあるかもしれないけれど、そんな自分に寄り添って一歩ずつ進んで行ってあげる。

そうやって進んで行った先に、気がつけば本当に心から笑えるようになった自分がいるんです。

はじめの一歩

口角を上げる前に、自分の正直な感情を見つめる

やった回数だけ足跡を残そう!

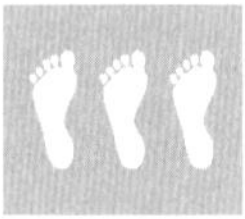

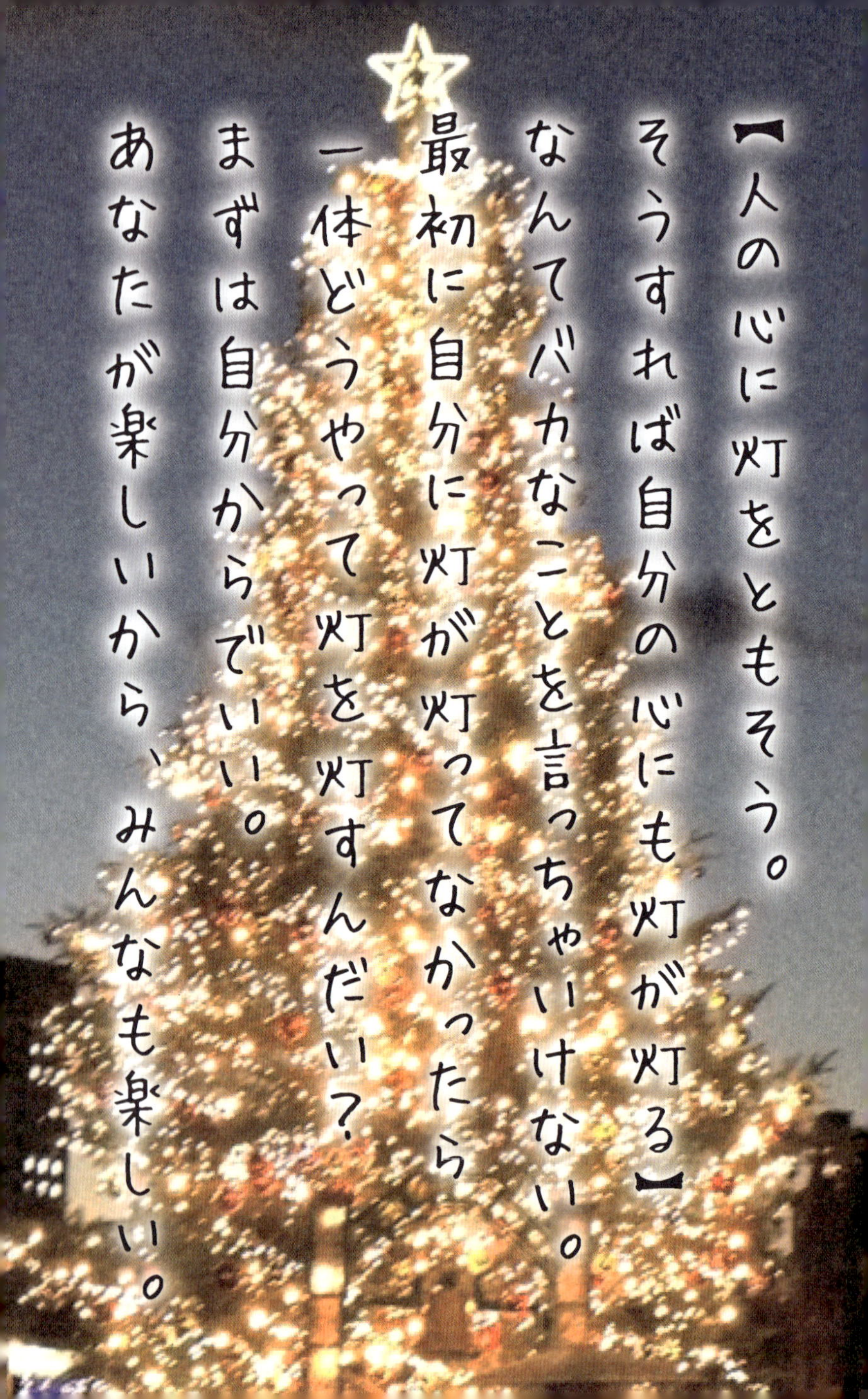
【人の心に灯をともそう。
そうすれば自分の心にも灯が灯る】
なんてバカなことを言っちゃいけない。
最初に自分に灯が灯ってなかったら
一体どうやって灯を灯すんだい？
まずは自分からでいい。
あなたが楽しいから、みんなも楽しい。

どうせ批判されるなら好きなことやっちゃえば？

「心に灯を灯そう」と聞いた時にうっかり松岡修造のような情熱的な人を想像する方もいらっしゃると思うんです。

でもね、【灯】の形は人によって違います。

太陽のように輝く人もいれば、月のようにしっとりと照らす人もいる。

炭火のように地味に熱い人もいればキャンプファイヤーのように燃える人もいる。

自分の肚の声に基づいて行動している時、まさに無我夢中になっている時の灯のともり方は、人それぞれ違うのです。

それなのに派手でエネルギッシュなタイプの人は地味に活動している人をアクティブに

させたがります。

両方、心に火が灯っているということに関しては同じなのにもかかわらずです。

例えば保育園の子どもたちで言えば、

ジャングルジムで遊ぶ子ども、

追いかけっこする子ども、

一人でパズルをやる子ども、

がいたならみんながみんな目の前のことに夢中なんだからそのまま見守っていたらいいんですよね。

それを「追いかけっこするのならみんなで一緒にやるべき。一人でパズルなんてやってて寂しそう」と勝手に判断して「みんなの輪」に入れようとする行為は、愛情ではなくて余計なおせっかいです。

それぞれが勝手に自分の好きなことに夢中になっている状態。

それが子どもの頃ならば楽しそうな保育園になるでしょうし、大人同士であれば、それそれ好きなことに夢中になっているだけで大きなビジネスが発生するようになるんです。

また、その灯は自分にとって【好きなこと】、【夢中になっちゃうこと】だからこそ自然に灯される灯。内側から湧き出てくるワクワクする感覚です。

よくお伝えしているのは第一幕でも紹介した【無邪気・無意味・無目的】なことです。「理由はないけどなんか好きなんだよね、これ〜」というフラットな感じが大切。

私だったら人の悩みを分析することや文章を書くこと、自然の中で踊ることなどですが、人によってはエクセル関数作り、アクセサリー作り、イラスト描き、洗濯、料理などそれが苦手な人からしたら「え、それずっとやれるの⁉」と驚かれるようなことが多いです。

そして今お伝えしたのは自分の内側から溢れ出てくる【内的モチベーション】と言われるものなのですが、それとは違った【外的モチベーション】というものもあります。

こちらのモチベーションには注意が必要です。

このモチベーションに基づいて行動し、さらに灯に油を注がれると、

【本当は別に好きじゃないけど褒められるから頑張る】

という罠にハマってしまうのです。

具体的に言うと、

「賞賛を得られるから」

「上司からの褒め言葉が欲しいから」

「給料が上がるから」

「人から認められるから」

「両親から勧められたから」

「社会的に有名な会社だから」

など自分の外側に属する要素です。

そういった動機で行動していると、そもそも別に興味がない会社で好きでもない仕事をしているのに、努力して評価されると気持ち良いからと知らぬ間に自分をとことんまで疲弊させてしまうのです。

そういう会社が【社員のモチベーションアップ!】などを提供し始めたらさらなるカオスです。

大声の朝礼、評価制度、報酬と罰、お互いを褒め合う、などなど外的モチベーションをあれやこれやと提供されると、やはり人間単純なものでその高揚感がもっともっと欲しくなるんです。

だからその会社で評価されている時には自分自身を保てるけれど、一歩会社の外に出ると落ち込んだり、会社から解雇通告されると「こんなに尽くしたのに!」と今まで溜め込んでいた不満感を一気に爆発させたりするんですよね。

私自身、講演活動と執筆活動、そして残りは旅や音楽、子育てと家族、と自分にとって大好きな活動だけに専念しているので、現在エネルギーをフルに発揮して、こうして大きく活動することができています。

が! 自己啓発業界で会社員をしていた時に担当していたのはセミナー中に音楽をかける、記録をつける、ホームページの更新をする、などが主でした。

そうなると【別に楽しくはないけどできちゃうし、やったら褒められるからやる】という完全な外側向きの動機で働くようになってしまうのです。

好きなことをやっていて褒められたらもちろん嬉しいし、嫌だと思うことをやって褒められてもやっぱり嬉しい。逆に好きなことをやっていたって批判されるし、嫌いなことをやっていたって批判されます。

結局は自分の中にある感情をどの環境で体験したいかだけなんです。

よくある誤解なのですが、

「好きなことを始めたのにうまくいきません！　批判されました！　不安が出ました！　これは間違っているんでしょうか？」とおっしゃる方々……。

いやいやいやいや。失敗も成功もひっくるめて体験として満喫するのが楽しくなるから、「好きなことをしてください」とお伝えしているのです。

批判？　されますよ。当たり前です。

その上で「やるの？」と宇宙があなたに問いかけているんです。

不安？　出ますよ。私だってまだ出ますよ。

だからなんぼのもんじゃいという話です。不安ながらも進んで行く。

そんな自分を受け入れて行くと、その不安のドキドキ感がワクワクする高揚感と表裏一体のエネルギーであることに自然と気がついていきますから。

どうやって生きようが喜怒哀楽はどうせ出ます。

それなら、好きなことに夢中になって自分の心に灯を灯し、そんなあなたが好きだっていう仲間と共に歩む人生を送った方が楽しいんじゃないかと思っているんです。

はじめの一歩

批判されても不安が出てきても
やりたいなら、やる

やった回数だけ
足跡を残そう！

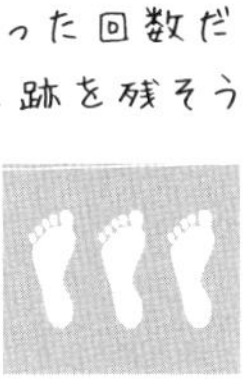

第三幕
みんな大好きお金の話

大人だから……。
貯金しないといけないから……。
バチが当たるから……。
お金持ちじゃないから……。
身体に悪いから……。
私はあの人ではないから……。

で、ほんとは
どうしたいの？

時は金なり。
すなわち、
どちらも
幻想なり。
幻想に悩むべからず。
幻想に振り回される
べからず。

ただ、今、
この時を生きよ。

お金はドラクエで言う便利な【どうぐ】みたいなもの

セミナーやブログをやっていて思うのですが、「お金」についての相談は一番多いかもしれません。

が、本質的には【自分のいたたまれなさをお金のせいにしているだけ】なので、

収入が上がれば、

起業して成功すれば、

もっとお金を運用できれば、

幸せになれるんじゃないか？　と現状を他の何かや誰かのせいにしている時こそ自分自身に目を向ける時です。

名言ではお金は【幻想】とお伝えしていますが、これがまた便利な幻想アイテムで、なんと！　航空券を買ったり、レストランで食事することに使えるんです！

……あ、当たり前ですよね。

でも、この当たり前なことに目を向けていないと、お金というものの本質からずれてしまうのです。

私にとってはお金はとても便利な交換ツール。なんの交換ツールかというと【喜び】です。

私は旅行が好きなのでよく飛行機に乗るのですが、大抵はビジネスクラスなどの広い席をとります。

料金はもちろんエコノミークラスよりも高いです。

それでも広い席にこだわる理由は、その分の心地良さとサービスを満喫することができ、何より【自分を大切にできる】からです。

あくまで優先されているのは【自分にとって何が快適か？】という【感覚】の部分。

その快適さのために座席を選んだ結果として料金が高くなっただけで、

収入が増えたから、

一流の人はビジネスクラスに乗ると本で読んだから、

見栄を張りたいから、
ではないのです。

実は私はもともと生粋のケチケチ君でした。

なのでビジネスクラスはおろか、新幹線の座席をとることにも抵抗があったんです。

「高速バスで行けるところはバスで行こう！　バスの旅も良いもんだ」と自分に言い聞かせて高速バスにもよく乗っていたのですが……まぁ完全に虚言でしたね。

身長百八十センチ近くある身体なのに高速バスで快適に、なんて自分に嘘つきなのもいいところです。快適なわけがありません。

本当は自分自身の快適さにそこまでお金を払うほどの度量がなかっただけなのです。


このことに気がついたのは2013年頃なのですが、そこからはひたすら自分の快適さ、好きなものに対してお金をちゃんと払う練習を繰り返していったんです。

もちろん生粋のケチだった私としては最初新幹線のぷらっとこだまを予約するだけでもドキドキが止まりませんでした。

でも、買う！　そして乗る！

そうやって繰り返すうちに、「あれ、なんかだんだんこれが普通になって来たぞ」と自然と自分の快適さのためにお金を使うことができるようになっていくんです。

名言にもある、

「今、この時を生きよ」

というのは、

「今この瞬間自分が心地良くあることを最優先にして、お金のことは後回しにしてください。お金を判断基準にしないでください」

ということです。

ただし、うっかりすると月収三十万円なのに五十万円の洋服を衝動買いしてしまったりと、今の自分がどういう状態でどういう環境でどのくらいお金を回せるようになっているのかを棚上げしてしまうことがあります。

それは快適さを手に入れているのではなく、ただバランスが崩れているだけの状態です。

チャレンジして欲しいのは、「限界を超えて借金してでも欲しいものを買いましょう！」ではありません。

「今の自分の収入と貯金額なら払えるはずのものなのに、ほんとは欲しいのに、思考や感情がザワザワといいたたまれないから止めておこう」と自分にストップをかけているものにお金を使うところから始めていってください、ということです。

なぜかよく勘違いが起こる部分なのでお伝えしておきます。

また、実際にセミナーに参加された方の中にいらっしゃったのですが、「退職して貯金を切り崩していますが、どんどん減っていくのが不安でたまらないんです。そろそろ働きたいと思っているんですが……」というお悩み。

なんかピンときて質問してみました。

私「ところで貯金はあといくらあるんですか？」

参加者「六百万円しかないんです」

会場「エエエエエーーー!!!」

そうなんです。貯金がいくらあろうと、収入が多かろうと、不安な人は単に不安なのです。

データとしては年収八百万円くらいまでは収入と幸福度との間に比例関係が見られるそうなのですが、

【収入が上がったから↓幸福度が上がったのか？】
もしくは、
【幸福度が上がったから↓収入が上がったのか？】
はデータには出てきません。

なのでそのデータを真に受けて「じゃあ年収八百万円になるまでは我慢して努力して頑張って働こう！」と思ってしまうと、今度は燃え尽き症候群になる可能性があるので注意が必要です。

さらに、勘違いしてはいけないのは「お金は幻想よ」というのを曲解して、

「じゃあ、お金がない世界を作ろう。私はお金を使わずに生きてみよう」と、せっかくこの地球というゲームステージに用意されている【お金】というアイテムをないものとしてしまうことです。

旅行に行こうとした時。ヒッチハイクという手段もありますが、そういうのが好きで好きでたまらないという人以外が「お金に囚われたくないから」とヒッチハイクを始めると、はっきり言って一つも面白くないと思います。

せっかくあらゆるサービスが用意されている日本という国に住んでいるのですから、お金を便利ツールとしてフルに活用し、必要な時には使い、必要ない時には囚われない！というスタンスを取るのが心地良いと思います。

はじめの一歩

コンビニで値段を見ずに一番食べたいスイーツを買う

やった回数だけ足跡を残そう！

日常生活で
お金が減っていく不安を
味わってても、いいんです。
不安の体感によって、
少しずつ不安の総量は
減っていきますから。
でも、そんな環境にいたって

【自分をご機嫌にすること】
をお忘れなく!

理論を超えるワクワクのバイブレーション

先にお伝えしたように、不安がある人はお金があろうがなかろうが、使うが使うまいがずっと心配し続けています。

なのでその人たちは「自分がワクワクするものにお金を使ってください！」と言われて、お金をどこにも使わなかったとしても、不安は身体感覚としてそこにあるままです。

確かにその不安感は体験していってあげることでやがては穏やかになってくるはずなのですが……もっと大事にすべきは「で、ほんとはどうしたいの？」ですよね。

この地球をドラクエに例えるとよく分かります。

【はじまりの村】の周りだけずーっとうろうろしていて、地道にスライムを倒してお金を得ているようなもの。

この行動を言語化すると、

「いや、二番目の村とかこわいんで、この村の周りだけうろうろしてますね。賢者さま？この不安感を味わっていたら、だんだんとこわくなくなるんですよね？」と言っているようなもの。

賢者・岡田「あ、いや、確かに不安はなくなるけど……あの、それ……つまらないでしょ!?」

せっかくゲームを始めたんだからどんどん冒険して、知らないダンジョンとか入って、「わー！」だの「きゃー！」だの言いながら楽しんでいく。

そして得たお金で好きな武器や防具をゲットしたら次のステージの攻略に挑んでいく。

そうやってRPGは楽しんでいくものであって、「いや、私はこの【はじまりの村】が好きなんです」と言われても何やら漫談を聞いているようです。


ちなみに、これはたくさんの人からの報告を頂いているのですが、

「自分を大切にして、やりたかったことを実践していったら、今まで『ウチにはお金なんてないわ！』的スタンスだった両親からお金をガバッともらった」という話もあります。


お金についての思い込みはやはり両親の影響が一番強く出るものなのですが、逆に自分の代でその【ケチケチ教】の教えを破棄して、新しく【ワクワクするお金の循環の教え】

を掲げるだけで、なぜか先代のケチケチ教の教祖まで変わってしまったりするのです。

子離れできていない両親の場合には、ちゃんと一人の大人として自分の意思を貫いてくるまでは成人した子を子ども扱いし続けることも多いです。

なので、はっきりと自分の意思を伝える練習を合わせてされると良いでしょう。


例外ではなく「ウチにはお金なんてないわ！」的スタンスのもと育った私自身の体験で言うと、２０１２年にオーストラリアの皆既日食フェスティバルに行ったんですね。

これはもう外的理由とか全く無視の「フェスを楽しみたい！」という純粋な動機のもとでの行動でした。

いよいよ出発となり、その旅はケアンズ周遊と一週間のフェスを合わせて三週間の現地滞在という長い旅行でしたので、一応実家にも連絡を入れたんです。

「ちょっくらオーストラリアまで行って来るからー！」と。

で、実はまじでその時はお金が全くありませんでした。貯金は確か十万円もなかったと思います。

でも航空券とフェスのチケットだけはあったので、もういざとなったらフェス会場やケアンズの路上で「I can do massage.」とプラカードを出して日銭を稼ごうと本気で思っていたんです。

まぁそんな密かな私の決意を両親はつゆ知らずなのですが、「おい、テツヤ。お金あんのか？」と聞かれたので「ないよ。でも行ってくる」と答えました。

そしたら……

整体師として独立した時にももらわなかったくらいの金額のお小遣いをくれたのです。しかも両親共に「お母さん（お父さん）には言わなくていいから」との言葉付きで（逆に仲良いなと思いました）。

おまけに「そういえばテツヤは保険とか年金払ってんのか？」と聞かれたので、やはりこれも「うん、払ってないよ」と答えました。

するとなんということでしょう。「じゃあ俺が全部払うから」と父の一声が飛び出したではありませんか。

今までそんなことなかったのに、「（純粋なワクワクのもと）オーストラリアに行って遊んでくる！」と宣言しただけであっという間にお小遣いをもらった上に、保険と年金の支払いまで終わってしまったんですよね。

理論的に言ったら意味が分からないかと思うのですが、**これはもう私自身の純粋なワクワクしたバイブレーションが距離を超えて伝わり、なぜか両親までそれを応援したくなるという現実を作ったのだと思っています**（信じられない？　じゃあ、体験してください）。

でもこれ大人になった私が言っているから不思議な体験に聞こえるかもしれませんが、

実際のところ、

ステップ①：幼稚園くらいの子どもにお菓子をプレゼントした
ステップ②：そしたら「やったーー！！！」と無邪気におおはしゃぎして喜ばれた！

こうなると、またお菓子買ってあげようと思いませんか？

そういう無垢で無邪気な子どもの様子を見ているだけで幸せな気持ちになる人はたくさんいますし、かわいい子どもが公園で走り回っていたら「欲しいもんあったら、おっちゃんに言いなよ」くらい声の一つもかけたくなるというものです（実際にそれをやると通報間違いなしなので知らない子にはなかなかできませんが……。世知辛いね)。

はじめの一歩

定食屋でちょっとした贅沢をしてみる

やった回数だけ
足跡を残そう!

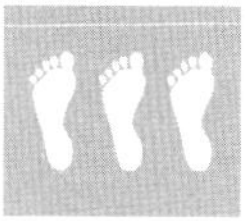

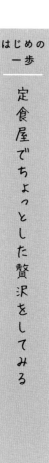

お金で遊ぶ人にとって
お金は最愛のパートナー。
もしくは空気。
※あって当たり前

お金に弄ばれてる人は
お金はいつ裏切るか
分からないパートナー。
もしくは金庫の中身。
※守らないと奪われる

呼吸するみたいにお金を使うステップへ、いざゆかん！

今お金の循環がだいたい月に数百万円くらいになっているのですが、自分の好きなことだけやっている流れの中で自然とお金が循環していく状態になった時、お金への意識が消えるんですよね。

ケチケチ君だった人がいざ「自分で自分にお金を使っていこう！」となった時にはそりゃある意味【お金】のことしか気にしていないようなものです。

「お金へのブロックを外すためにお金を使う」というのは恋愛で例えるなら、「元彼に対する未練を断ち切るために彼のことだけ考える」ようなもの。

この場合、解決するためにはまずその【対象（お金・元彼）に対する気持ちがあるのをちゃんと自覚した上で、あえて踏み込んでいく】というプロセスが必要になるんです。

そうすることで、

自分にはどんな感情があるのか？

寂しいのか？

不安なのか？

心の穴埋めなのか？

という自分自身のありのままの状態を自覚することができますし、さらにはその体感まではっきりと体験することができるんです。


昔の私の場合、自分がそんなにケチケチ君だということは女友達から言われるまで全く気がついていませんでした。

でも、自分のときめくものに対してお金を惜しまない人からしたら、実にブロックだらけに見えていたことでしょう。

だからこそ、それこそまず夕食のお惣菜をちょっと良さげなものにしたり、スーパーであと五分で割引シールが貼られることが分かっていてもさくっと買い物をしてみたりと、本当にささやかなところから実践していったんです。

これはお金を使うことへの抵抗がない人にとってはちょっと引くくらいしょうもない話だと思いますが、この程度でザワザワする人が本当にいるんです(ここにもすでに一人います)。

お金へのブロックを外すにはそういった日用品からの練習を重ね、少しずつそのランクをアップさせていくと感覚がつかみやすいと思います。

私の場合も洋服屋さんに行ってあえてお高めな洋服を買ったりして、自分に対してお金を使うという許可を少しずつ重ねていきました。

参考までにちょっとまとめておきます。

食事

安めなお惣菜
↓高めなお惣菜
↓お店に入る
↓コースを頼む

↓ワインを入れてみる
↓おごってみる
↓高級ホテルのラウンジに行ってみる

交通手段
高速バス
↓新幹線（ぷらっとこだま）
↓グリーン車の速いやつ
↓ＬＣＣ航空会社（セールの時に予定を組む）
↓ＬＣＣ航空会社（行きたい時に行く）
↓ＡＮＡ／ＪＡＬなど（クラスＪ↓プレミアムクラス）

宿泊
ゲストハウス・カプセルホテル

↓ビジネスホテル
↓シティホテル
↓一流ホテルのスタンダード
↓ジュニアスイート
↓スイートルーム（その時の宿泊人数に応じて）

こんなところでしょうか。そうやって少しずつ金額的な抵抗感がなくなった時に、ある時フラットになる瞬間があるんです。

【お金】のことが頭（意識）から消える瞬間ですね。

なので今となってはスーパーのお惣菜も買いますし、もし一人で旅をすることがあれば漫画と温泉のあるカプセルホテルに泊まるのも良いかと思っています。

この練習をどこからやろうかと迷っている方にオススメなのが、【五感を満たしてあげるアイテム】や【身体を癒してくれる時間】にお金を使うこと。

私もアロマオイルは旅行には必ず持ち歩いていますし、身体に塗るクリームなどは気持ち良いものを使っています。

特に女性の場合ですと冷え性の方が多いので、身体を温めるもの、布ナプキンやお股カイロ、温泉、入浴剤などに投資すると喜んだ身体さんがご褒美を運んで来てくれることでしょう。

ちなみにこの【循環の拡大】は少しずつがオススメです。

ものすごく気合いを入れるのではないけれど、でもちょっとだけ無理する範囲で行なうと良いでしょう。

ものすごく気合いを入れてしまうと、今の自分の収入とかけ離れたハイブランドものを買って代金を払えなくなったり、他のささやかな日常生活の楽しみを減らしてしまうからです。

かと言って、ちょっとだけ無理しないと今までと変わらないお金の使い方を繰り返していくだけ。拡大のフェーズに移行していきません。

これは決して「裕福なフリをしなさい」「満たされているフリをしなさい」と言ってい

るわけではありませんので誤解のなきよう。
今はまだお金を使うことに対して抵抗があったり、罪悪感がある自分であることを認めた上で、「で、ほんとはどうしたいの？」と自分の本当の望みを叶えてあげましょう、ということなのです。

はじめの一歩

自分の感覚（五感）を満たすように少しずつお金を使ってみる

やった回数だけ足跡を残そう！

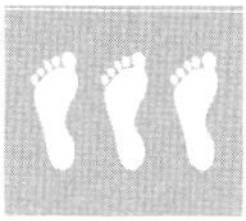

「やってもお金はあげないよ」

と言われたら止めること。

を止めること。

「やってもお金はあげないよ」

と言われても楽しいからやっちゃうこと。

をやり続けること。

「成功する」と「お金」は別問題で別次元

「私も稼ぎたいんです！」「成功したいんです！」という人に対して私がお伝えするのは、「やめておきなさい」です。

それに対して「やってみたら？」とアドバイスするのはこういう人です。「私はアクセサリーを作るのが好きなんですが、これで稼ぎたいんです」という人。

何が違うかと言ったら、【自分の肚の声・本当の望み】を分かっているかどうか？　なんですよね。

で、「自分がワクワクすることをしていたらそれが仕事になるんだよ」という言葉を勘違いしてとらえられると、こんなクレームが出るんです。

「あの〜、ワクワクすることをしていて毎日楽しいのに、お金にならないんです」

これ、夫婦間の問題に置き換えると「自分の本音に素直になったらラブラブ夫婦になりました。でもお金が回らないんです」

と言っているようなもの。

実はどちらも実際に〝あるある〟なんですが、巻き戻し再生で言葉をよーく見ていただきたい。

【毎日楽しい】

【ラブラブ】

という幸せの重大要素をもうすでに手に入れているんです。

そうなったならお金が回ろうが回るまいが、稼げようが稼げまいが、全部単なる感情体験コント。びっくりどっきり一人芝居ですよ。

とあるセミナーで講師の方がおっしゃっていたのは、

「あなたは億万長者になって何を得たいんですか？　それは、感情です。幸せなんです」

ということ。

億万長者になったら幸せになれるという短絡的な思考はどうかと思いますが、人が得たいものは【幸せ】である、という部分には賛成です。

毎日を楽しく過ごす。

ラブラブ夫婦。

そうなりたくてなりたくて、だからこそ、

「収入が上がったら幸せになれるかも」

「ステキな家に引っ越したら幸せになれるかも」

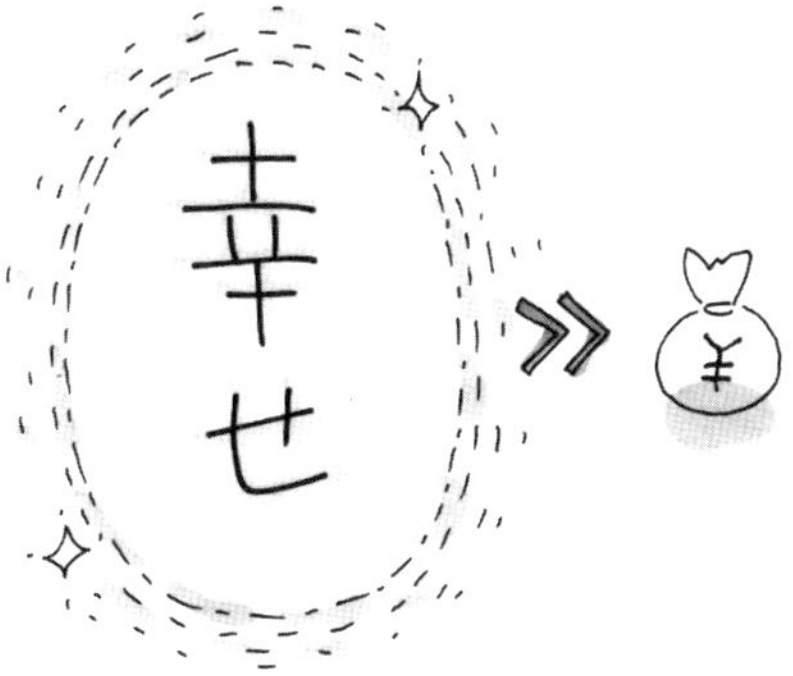

「子どもが生まれたら幸せになれるかも」

と思ってみんな必死に今を頑張るわけです。まあそれってここまで来るとお気づきの方も多いかと思いますがただの勘違いですけど。

なので、すでに今自分が楽しいものを見つけて実践しているのならば、まずはそこに没頭することが大切です。

なぜならそれが収入に繋がろうが繋がるまいが、今その瞬間は幸せを感じることができている。それがこの世界の全てであって、いつか来る未来の幸せのために今を犠牲にして苦しんでいる時代ではないのです。

特に現代はＳＮＳなどの拡大によって何気なくＹｏｕＴｕｂｅにアップした歌声がきっかけで歌手デビューしたり、一枚の絵がきっかけで一気にアーティストデビューしたりする時代なのです。

そういう【棚からぼたもち】的なご褒美がやって来るのは、それこそ見返りなしにただ無邪気・無意味・無目的に夢中になっていたからこそそのものだと思います。

また、ワクワクすることをしていたら【自分が稼げるようになる】と思いがちですが、これはただの勘違いです。

夫婦という形で言うならば、
①奥さんは大好きな趣味の油絵を描いていていて幸せ。
②旦那さんはそんな奥さんを見ていて幸せ。奥さんには望む通りの画材も買うし、描きたくなった地方には連れて行ってあげる。
③ああ二人とも幸せ。
というなんのドラマにもならないような絵に描いたようなラブラブ夫婦の形になることもあります。

この場合はお金は旦那さんが稼いできていますが、【奥さんの喜んでいる姿を見ること】＝【幸せ】ならば、奥さんが自分のためにお金を使うことそのものが旦那さんの幸せでもあります。

これが職場ならば会社のムードメーカーで実績は上げられないけど、その人がいることで職場の空気が優しくなる、という人ならそれもまたその人は自分の存在だけで稼いでいると言えますよね。

大切なのは今この瞬間の感覚が心地良いものになっているかどうか？おまけで稼げたり、社会的に成功したりすることもあると思いますが、それはあくまでおまけです。

冒頭のように「稼ぐ」「成功」などのキーワードだけに惹かれている人は特に、今一度立ち止まって自分のことを振り返ってみてください。

なお、子どもの頃からありのままの自分を愛してもらえなかったと思っている人の場合、「じゃあ社会的に成功したらパパに褒められるかも」「じゃあ一流企業に入ったらママに抱きしめてもらえるかも」という寂しさや無価値観から成功者や億万長者というものに過度な憧れを抱く方もいらっしゃいます。

しかしながら、世の中上には上がいるのです。

社会的に成功しても、もっと成功している人は必ずいます。億万長者になったところでそれより稼いでいる人も必ずいます。無価値感から上を見上げたってキリがありません。

そういう意味でさっさと諦めましょう。

また、子どもの頃に抑え込んだ寂しさや劣等感から行動して成功したとしても、自分の中にある【幸せ】感覚やネガティブ感情を無視していたら……

今度は劣等感が転じて優越感になり「あいつは稼げないからダメだね」と人を見下し始めたり、

無価値観転じて「私は凄いんです」と言い始めたり、

寂しさなど弱さを外側に投影したら「私がみなさんを救います」と言い始めたりするのです。

そういう人はある世界のカリスマにはなったりするのですが、いつまでも心の平穏には辿り着きませんし、第一幸せそうじゃありません。だからこそ、ちょっとずつ自分の感覚を認めて感じながら進んで行くことが大切になるんです。

はじめの一歩

お金＝《イコール》幸せじゃないことを認識する

やった回数だけ足跡を残そう！

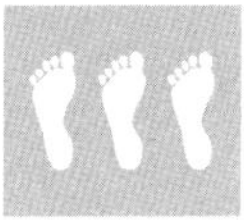

「〇〇するためにお金を貯めよう。貯まったら使おう」から、
「お金は使ったら入ってくる」へ。

ただし、心の穴を埋めるためのごまかしの使い方ではなく、
自分の本質が持つ、
本当にワクワクすることをやるために使ったなら、だけど。

※それも超えた、「なくてもできる」もあるよ。

高額セミナーは行くくせに、コーヒーはケチる人の謎

ここまでのように【お金へのブロック】についてお伝えしていると、今度は「お金のブロック外しを頑張らなきゃ！」とブロック外しに執着し始める人がいるんですが、それは本末転倒です。

好きなものにお金を使ってみる、というのはその行為そのものが幸せだからそうしているだけであって、【その時に出てくるいたたまれなさも自分なのだと認めて感じていった結果として、お金を使う抵抗感や罪悪感から解放される】んです。

なんというか、こういう言い方はあれかもしれませんがみなさん知識が多過ぎです。

お金のブロック問題に取り組もう！　とした時にすぐに行動するのが心配なので、まず知識を入れようとする方は多いのですが、数百冊以上の書籍からいろんな知識を仕入れて

いた身からはっきりお伝えできるのは、「そんなの関係ねえ！」ってことです。

この本流に言うならば「で、ほんとはどうしたいの？」のたった一言で解決するところが、お金の歴史、経済、時代背景、親子関係、心理学、脳科学などずーっと今この瞬間のあなたが形作られるに至った経緯を必死になり脳みそに詰め込もうとしてしまうのです。

そういう勉強が好きならばそれはそれで構わないのですが、単純に【好きなものにお金を使ってみる】こと一つ実行する度胸がないから、まずは知識という外堀を埋めていっているように思えます。

食事で言うと分かりやすいと思うのですが、これからお伝えするシチュエーションをあなたがカフェの店員だと想像して読んでみてください。

「私、ピンと来たんでこの一杯千円のコーヒーを飲みたいんです。でも、なんかいたたまれないので、ちょっとこのいたたまれなさの謎を解いてから注文しようと思います。あ、でも、いつか飲みますんで」

「……いや、帰れ」の一つも言いたくなりませんか？　頼めばいいのです。で、コーヒーをじっくりゆっくりと味わったらいいのです。

飲んでこそ分かる。注文してこそ分かる。席に座ってこそ分かるものが必ずあります。

なお、一杯千円のコーヒーというと延々と出し渋るのに「二時間五千円のワクワクセミナー」にはお金を迷いなく払えるという方の場合、その裏側には

【自分が変わるためならば投資は惜しくないけど、自分のワクワクすることのためには投資できない】

という思い込みが入っていることがあります。

そういう人の場合にはセミナーに行かれることよりも何よりも、日常生活のささやかな選択を変えていく方がお金に対する意識、自分に対する意識が変わるきっかけになったりするんです。

はじめの一歩

なぜ高額セミナーに行くのか、自分の肚の声を聞いてみる

やった回数だけ足跡を残そう！

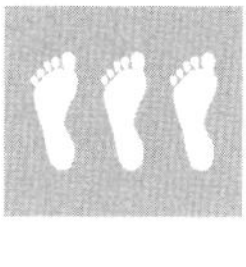

この惑星の住人は
「お金がない!」
「時間がない!」と騒ぐ。

ないものに追われるという
不自然さに、
決して気がつくことがなく。

ああ、この美しき一人芝居。

もしも明日一万円札の価値が一円になったら……

たくさんの方とお話ししていて感じることなのですが、なんだかんだ人は悩みたいんですよね。苦しみたいんですよね。**喜怒哀楽ごっこ。特に大人の場合はネガティブな側の怒る、哀しむごっこを本気でやりたがっているんです。**

「お金がない！　お金がない！」と騒ぐ人もいらっしゃいますが、お金なんて最初から概念でしかなかったりします。

「銀行に預金がある」と思っている方がいらっしゃるかもしれませんが、まさか銀行の金庫に自分の名前入りの札束が置いてあると思っている人はいないでしょう。

単に預金はデータとして表示されているだけで、そこに実体は存在していません。

この前〝こち亀〟という長寿漫画が終わりを迎えたのですが、その中で主人公の両津勘吉が言っていた言葉があります。

「金をよく見ろ。日本銀行券とかいてあるだろう。（中略）ある日突然無効となったらただの紙だ。だからこそ使えるうちに思いきり使うのだ」

同僚は引いていましたが、この言葉は真実です。

ある日「今までの百円は、来年から新一円とします」と政府が決めた瞬間に貯金の価値は百分の一になるんです。

それを踏まえるとお金を貯めておく、ということもほとんどの場合はオススメしていません。楽しくビジネスをしていたら、

「毎日充実している間に、なんかお金が貯まっちゃったー」

なら良いのです。そこに不安感が乗っていませんから。

でも「何かあったらどうしよう……」という不安からお金を貯めて安心していると、想定外の事態が起こって急な出費で貯金がなくなるということもあるのです。そうやって貯金がなくなった時に今まで心の奥に押し込めていた不安感や弱い自分が顔を出します。

その時にそんな自分であることを認めることができないと、またまた不安感から、「もっと安全な投資先はないかしら」と今度は怪しげな【稼げまっせセミナー】に何十万

も投資したあげく……

儲けが出ないとか、高齢者がよく騙されるような【絶対安心資産運用】的な会社に何もかもを吸い上げられたりするのです。

また、こういう話をすると「だから私は資産を金やプラチナに変えているの」という方がいらっしゃるかもしれませんが、**金やプラチナの値段というものもいつ暴落するかなんて誰にも分かりません。**

バブル崩壊やリーマンショックなどの人災を始め、東日本大震災を始めとする震災の数々を経験しているにもかかわらず、まだ安全安心な投資や貯蓄、資産運用があると思っているとしたら、ほとんど脳みそが寝ている状態です。

この本を買われる方にはいらっしゃらないと思いますが、そういった幻想の数字や姿に惑わされることなく、今ここにある感覚・感情を大切にしてください。

はじめの一歩

「その貯金がワクワクの結果ならオッケー。不安だからなら「ちょっと待て」」

やった回数だけ足跡を残そう！

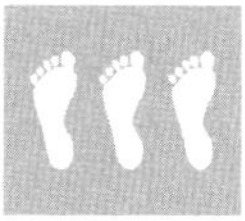

第四幕

絶対に成功するとしたら
どんな仕事がしたい？

学歴がないから……。
経験がないから……。
知識がないから……。
実力がないから……。
資格を持ってないから……。
新入社員だから……。

で、ほんとはどうしたいの？

どうやって成功するか？
を考える前に、
どうして成功したいのか？
を考える。
「たくさんの人に囲まれて、
寂しくなくなる」から？
「億万長者になって、
お金や将来への不安が
なくなる」から？

「あなたの夢を否定した父親を
見返すことができる」から？
源泉を見ること。どんなに
成功者と呼ばれる人になっても、
自分の心の穴から逃げていたら、
必ずその反動がやってくる。

「毎日、当たり前のように三食作れる」はビジネスになるレベル

【成功】という言葉にファンタジーを抱く方が結構いらっしゃるんですけど、【好きなことをやって成功した！　失敗した！　の一喜一憂ゲーム】をやっているのか、【失敗者・落伍者《らくごしゃ》になると人からバカにされる。落ち込む。辛いからそうならないように努力ゲーム】をやっているのか、
を自分なりにまず明確にしておく必要があるんですよね。

【好きなことをやって成功した！　失敗した！　の一喜一憂ゲーム】というのは例えるなら子どもが積み木をしているようなものです。
もちろん子どもは積み木が好きでやるわけですが、崩れたら泣きますし、うまくいったら拍手したりしますよね。

でもあれ、「積み木が崩れるのがかわいそう」と言って絶対に崩れない積み木だったら、あまり面白くないと思うんです。

そう。うまくいったりいかなかったりするからこそ、楽しい。

最初に自転車に乗れた時のことを覚えていますか？

あれも何度も転んで（失敗して）、それでも練習して、

「絶対にこの自転車に乗りたいんだ！」

というような根源的な楽しさがあるからこそ泣いてもわめいてもまた練習するんです。

そういった【成功も失敗もオーケーな体験】を子どもの頃にたくさん経験しておくと、大人になってからも【失敗を恐れての成功への執着行動】にハマることはないんです（つまり、失敗はダメなもので成功しか認めないから、絶対に成功するんだ論者のこと）。

よく雑誌のネタで【成功する子育て】とか【成功する人生の作り方】的なテーマがありますが、そうやって【成功】だけに頭を侵され、
「この世界では失敗してはならない」
という思い込みを持っているとしたら、その人はいつまでも満たされることはないです。

主婦が起業して成功しようとしているのも同じことで、すでに【自分なりのサービス】や【やりたいこと】が見えているのならまだ良いです。

が、単に【成功】という言葉に憧れて、そのために成功者の言うことを鵜呑みにして一日何回もブログをアップしたり、本当は毎日空しいのにリア充アピールしてみたり。

そんなことをしているうちに【外側に発信している姿】と【内側で感じている自分】の間が乖離《かいり》してきて、外に出る時にはリア充ぶりを見せるけれど、家庭に戻るとパートナーに不満をぶつけるような欲求不満オバさんになりがちなんです。

いや、まだ欲求不満おばサンの方が感情が出ている分マシかもしれません。
外側では成功者ぶり、家庭では旦那のママと化してセックスレスに悩んで鬱々《うつうつ》とする。
そんな状態になっていくとその溜め込んだ不満感からドラッグやお酒、セックスに依存して心の穴を埋めようとすることだってあるんです。

なので【成功】という言葉自体に憧れを抱く方は、その前に立ち止まって、自分が今日常生活で行なっていることの棚卸しをしていただきたいんです。

料理、
育児、
掃除、
洗濯、
といった「え⁉　主婦なら誰でもやっているでしょ?」というものの中に、もしかしたらあなたにとっての成功の種、起業の種が隠れているかもしれないからです。
もう少し詳しく言うと、そういった当たり前の日常の行為の中で、

自分が夢中にできてしまうもの、
人にやってあげると喜ばれるもの、
を見つけてあげて、まずその自分的な夢中感覚に目を向けることが大切だということです。

ちなみに、岡田家では家事と育児は旦那の私が担当していますが、私は掃除も洗濯も好きですが料理は特に好きじゃありません。

なのでいつも出前をとるか、弁当を買うか、家政婦さんにお願いしています。

子どもも今二歳でもちろんかわいいざかりでたまらないのですが、その分、やんちゃざかりでもあるので、ずっと遊んでいると体力が持ちませんし、やりたい仕事もできなくなります。

なのでベビーシッターさんや保育園、子ども好きな友達の力を借りています。

自分にとって嫌いなものや苦手なものは、無理に自分でやろうとせず、それを好きだったり得意な人に対してお願いする。

それだけでビジネスの種が一つ生まれるのです。

今当たり前に三食手作りしている専業主婦の方、何人もの子どもと一緒に公園に遊びに行ったり旅行ができるという方はそれはもう才能です。

それを「こんなものがビジネスになるわけない」と思うくらいなら、あえてお金を払って自分が毎日当たり前にやっていることを人にお願いしてみたらいいのです。

それだけでいかに自分が価値のあることを日々やっているかがはっきり分かると思いますよ。

はじめの一歩

いつも当たり前に自分でやっていることを
あえてお金を払って人にやってもらう

やった回数だけ
足跡を残そう！

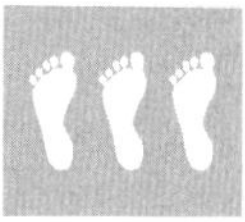

ただ夢中になっていると、
結果は「ついてくる」。
応援してくれる人も
「現れる」。
結果のために、
応援してくれる
人のために。
の前に、自分に
夢中になっている？

ビジネスは起こすものではなく起こっちゃうもの

起業ブームというのがまだどのくらい続いているものなのかは正直よく分からないのですが、最近の感覚で言うと、ビジネスは【起こす】ものではなくて【起こる】ものです。

「起業しましょう！　では何を売りましょう？　こんなふうに売りましょう！」ではなくて、「絵を久しぶりに描いてみたら楽しかった〜♪　え？　買いたいんですか？」がビジネスが起こるということ。

・「これで稼いでやろう」と肩に力が入った状態ではなく、自然に夢中になっているうちに気がついたら顧客が現れた
・紹介してくれる人が現れた
・なんか軌道に乗っちゃった

という流れですね。

「結果を出さないと意味がない」とビジネスの世界では言われているかもしれません。

ですが、そもそも「結果を出す人間にならないと私には存在する価値がない」など、どっぷりと劣等感や無価値観に苛まれている人が結果を出したところで、「次も結果を出さないと！」と、次なるゴールに向かってまた走り出すだけ。

これからのビジネスでは結果は出ちゃうものであって、決して結果を出す・利益を出すためにビジネスをしようという順番ではないのです。

ただし、自分が好きでやっていることに対して、

「これは趣味だから値段は付けないのよ〜」

「これはタダであげるわよ〜」

というぬるま湯的なビジネスの仕方はあまりオススメしません。

例えばアクセサリー作りが大好きな人の場合。

その製作には時間も材料費もかかるわけです。ものすごく単純にその時間を最低賃金に

換算したって値段は付くのですから、自分というすばらしい存在、そして自分がワクワクしている時間という価値あるものに対して、敬意を払って値段は自分の望む値段を設定してあげるといいでしょう。

また、会社員の場合でもこの意識はすごく大切なところです。

①「営業ノルマを達成してボーナスをもらうために頑張る！」という人。

②会社で取り扱っている商品が大好きで人にそれを話すことが大好きだから、どうやったらもっと楽しく分かりやすく話せるかな？　と頑張る人。

表面的には同じように頑張っている人ですが、意識の方向性がまるで違います。

大切なのは「自分が何に一番ワクワクするのか？」を自分で知っていること。

そこを掘り下げて構成要素に分解していくと、自分が一番輝ける仕事だけに夢中になっているうちに、気がついたら結果が出ているという状況になるんです。

ちなみにワクワクの構成要素の出し方ですが、単純に動詞からインスピレーションを得てもいいですし、まずはさらっと一通り手を出してみるというのも一つの方法です。

動詞からのインスピレーションとはどういうことかというと、

【話す】

【歌う】

【繋ぐ】

【分析する】

【撮る】

【描く】

【仕組みを作る】

【作る】

【紹介する】

【楽しむ】

【食べる】

【癒す】

など、まずは動詞を思いつく限り書きだしてみます。

もちろん種類はこれだけではなくて、人それぞれの素質に合わせてたくさんのパターンがあります。

ここでピンと来る単語を一つ出したら、今度はその構成要素をさらに詳細に分解します。

【話す】なら、「いつ、どこで、誰が、何を、なぜ、どのように」の5W1Hに基づいて一番自分にとって心地良く話している瞬間はどういう時だろう？　と分析してみるんです。

いつ？（WHEN）↓二時間くらい。午前中の気持ちの良い時間に。

どこで？（WHERE）↓風が吹き抜けているような気持ち良い空間のあるカフェで。

誰が？（WHO）↓自分が話していて楽しい人の理想像は？

何を？（WHAT）↓話す内容は何か？　悩み相談？　どんな悩み？　雑談？　悪口？

共通の好きなタレント？

なぜ？（WHY）↓その人があなたと話をしたいと思った理由は？

どのように？（ＨＯＷ）↓自分が話すのが好き？　話を聞くのが好き？　分析が好き？　など

これだけまずまとめておくと、構成要素分析に基づいてそこに辿り着くように一歩一歩自分で実現していってあげたらいいんです。これは、目的地まで地図が〝ある〟のと〝ない〟のとの違いぐらい、実現度の高さが変わります。

そして、これを真剣にワークすると自分にとっての最高に楽しい状態を想像することになってワクワクしてきます。

が、肝心なのはそこから実現に向かっての最初の一歩を実際に踏み出すこと。じゃないと「いつかハワイに行くのが夢なのよ〜」と言い続けながらパンフレットがボロボロになっているだけの夢見るおばさんになってしまいますからね。

はじめの一歩

ワクワクの構成要素を書き出してみる

やった回数だけ足跡を残そう!

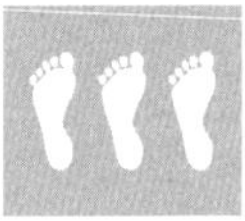

「いつかやりたい」人は
いつまでもやらない人。
「今はやらない」を
選んでるんだから。

Q「でも、失敗するかもしれないですし」
↓A「へーーー」

一つ前の名言にも繫がるんですけど、結論「やりたいことが決まってるなら、さっさとやれば？」なんですよね。

「でもうまくいくか分からなくて……」

「でも失敗するかも……」

といいわけする人って、感情と思考を説明してやらない理由を正当化しようとするんです。

でもこちらとしては感情は全て体験されるためにあるし、思考はその説明をしているだけだという確信があるので、正直な話、「へーーー」と思います。

だって他人がやりたいことやろうが我慢して苦しんでようが、こちらとしては関係ないですから。

あなたもそんな夢見ながら悩める乙女ちゃんになっていませんか？

「こわいけどやる」のか「こわいから止める」のか。感情的には同じこわさが出ていますけど、肚の声的に言ったら自分の声を聞いてくれたかどうか？　というのは一番大切なところなので、その後の変化の違いは言わずもがなですね。

そういう夢見ながらも悩める乙女をいつまでも演じていたいという人がハマりがちなのが、【ワクワクするキラキラ夢実現セミナー】のようなものです。

【夢を語ること】に酔っている自分。そして夢を語った仲間に拍手ー！　とかハグー！とか、夢を応援する仲間を見つけましょうー！　という過剰にポジティブなセミナーには気をつけないといけません。

これはガブリエル・エッティンゲン著『成功するにはポジティブ思考を捨てなさい』にも詳しいのですが、人は夢を空想しているだけでは、その夢を実現させるだけのエネルギーをなくしてしまうのです。

ただ、何でもかんでも「まずやっちゃいな！」なのかというとそれも少し違っていて、最低限の法律は調べましょう。日本というゲームステージでゲームを行なう以上、そのルール設定（法律）には従うものだと思うからです。

「よし！　私はケーキ作るのが好きだからケーキ屋さんを始めよう！」と自宅でケーキを無許可で販売し始めたとしたら、残念ながら普通に捕まります。

「ワクワクしてれば大丈夫ですよね！」

↓いいえ、捕まります。

営業許可を得た上で、「食品衛生責任者」と「防火管理者」の資格を取るか、資格を持っている人と一緒に始めないといけませんよね。そういった最低限の準備はしておいた上で、自分が望む方向に向かって行動していったらいいんです。

はじめの一歩

こわいけどやる？　こわいからやめる？
やるならやるで、最低限のルールは調べる

やった回数だけ足跡を残そう！

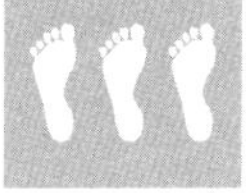

宝くじで
百億当たっても、
楽しんで同じ仕事を
し続けるなら、
あなたは天職を
見つけている。

宝くじで
百億当たっても、
苦しんで同じ仕事
をし続けるなら、
あなたは自分を
見失っている。

だったら辞めればいいじゃん。以上

「天職」とか「ミッション」とか、「魂の使命」とかいろんな言い方があると思うんですけど、なんかそういう壮大な言葉を使っている人ほど、「ミッションとか言ってる私ってかっこいいー」と自分に酔っている気がします。

世の中もっとシンプルに、「今やっている仕事、好き?」の答えが「はい」ならそのまま続けたらいいし、「いいえ」なら辞めたらいい。

そのくらい本質はシンプルで良いんじゃないかと思います。

宝くじで百億当たるっていうのは「もう一生お金の心配はしなくていいよ」と宇宙から言われている状態。

その上で今の職場や環境で同じように楽しんで仕事が続けられるという人は、幸せの青い鳥を探して何十年間もセミナーを渡り歩いている人が欲しくて欲しくて手に入らないも

のをすでに手に入れている状態なんです。

どちらかと言うとポイントは名言後半の「宝くじで百億当たっても、苦しんで同じ仕事をし続けるなら、あなたは自分を見失っている」です。

「お金の心配はもう一生しなくていいよ」と宇宙から言われているにもかかわらず、「でも何もしていないと落ち着かなくて。人の役に立たないと価値がないと思うので。私を待っているお客さんがいるので。辞めたら上司に何言われるか分からないから」と【苦しんで働いているのに】、仕事を辞められそうにないという方は、どこかで肚をくくってザワザワしてでもとことん休んでみるなり、自分に向き合うことが必要です。

ただここで肝心なのは、今は仕事で苦しくて辞めたいけど、もともとは好きで始めた仕事の場合、行動の原点に還って欲しいということ。

例えば今教師の人が、本気で退職しようかどうか悩んでいるとします。

その時に「自分はもともとなんで教師になったんだっけ？」と原点を振り返ってみるんです。その答えが【公務員で将来安定。社会的にも信用がある職業。両親からも勧められた】などの外側の理由だとしたら、肚の声はどこにも活かされていないので退職するのもアリでしょう。
しかし、【子どもの輝いている笑顔が好き。一緒に何かを成し遂げるのが好き。成長を目の当たりにできるのが好き】という内側の理由、自分の感覚・感情に基づく選択だったとしたら、ちょっと待って欲しいんです。

根本的にはやりたいことなのですから、それ以外の雑音をどんどん消していく作業、つまりは【やりたくないことはやらない】をちゃんと職場で表現して、喜怒哀楽も表現して、自分を出していく練習としてその職場を使ったらいいんじゃないでしょうか。

そうなったらクビになるかもしれないとお思いでしょうが、どうせ辞めようとしていた職場ですよ？　クビになったらいいのです。

そうやって自分らしさを出していく中で周りの教師や生徒の態度が変化してきて居心地が良くなってきたら、知らない間に辞める理由がなくなっているかもしれませんよ。

はじめの一歩

今の仕事が好きじゃないなら辞める。以上

やった回数だけ足跡を残そう！

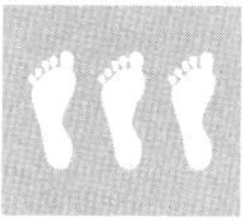

「私がいなければ
仕事が回らない」
と思ってたら、
思いきって
休んでごらん。
当たり前に
会社は動く。
動かないとしたら
どの道潰れる。
でも、あなたしか
あなたを生きられないんだ。

一人欠けたぐらいで潰れる会社は、どの道潰れる

真面目な人ほど、「私が休んだら仕事が回らなくなる！」と身体が悲鳴を上げていても何とか奮い立たせて出勤するんですね。

あのー……

絶対にそんなことないですから！

【働きアリの法則】というものがあります。

八割のアリは働き、二割のアリは働かない。でもその二割の働かないアリを排除すると、今度はまた残った働くはずのアリの中から二割のアリが働かなくなる。

というものです。

つまり、「私がいなきゃ……」ってあなたは思っているかもしれませんけど、あなたがサボったらサボったで絶対に残った人の中から〝ちゃんと働く人〟が出てくる、というわけです。

で、その「私が休んだら会社が回らない」っていうのが思い込みだということを体感するためには、やはりまず休んでしまうのが一番。

日本では精神疾患になる人が三百万人を超えているというデータもあるのですが、「○

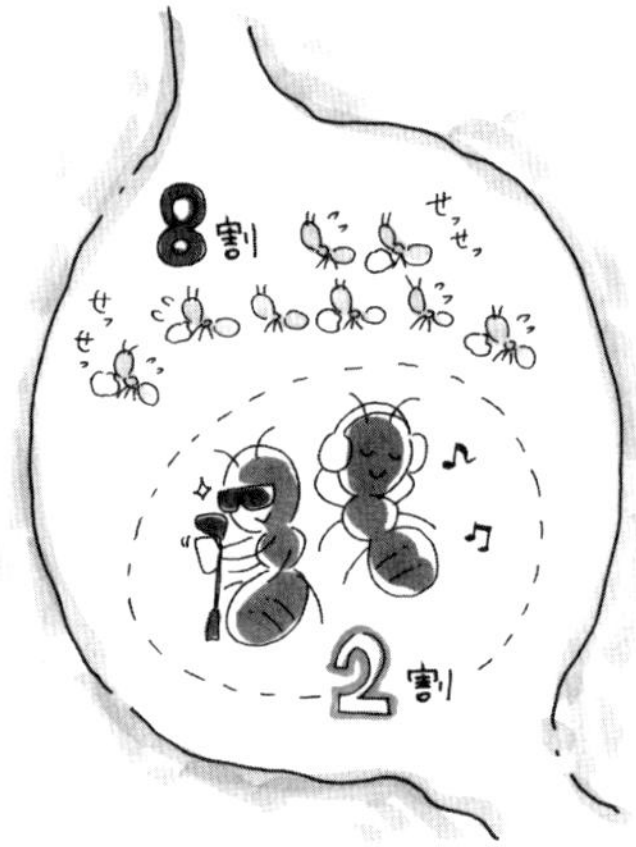

○のために！」と自分を押し殺して精神疾患になるくらいだったら、まずは「自分のために！」と自分を大切にしてあげることを最優先すべきなんです。

どの道、と言ってはなんですが、そうやって自己犠牲精神や我慢の心で会社に尽くしていたところで、得られる評価なんてたかが知れています。

おまけに、自分で自分の肚の声を叶えてあげていないから満たされていない。

満たされていないから、人から認められたり褒められたりするとそこに依存する、という負のループから抜け出すことができなくなっていくんです。

そもそも【好きじゃないけど得意だからやっている仕事】をしていてそこそこ安定した生活を送ることができているのなら、【好きなことの中でその得意分野を発揮するにはどうしたらいいか？】をテーマにして行動していった方がいい。

好きじゃない会社で得意な経理をしていて、大好きなのはアロママッサージを受けることだという人の場合なら、そのアロママッサージの会社やセラピストの経理をする方法はないかな？　と探してみるですとか。

単純な話、好きじゃないことをしていてもそこそこの生活ができるということは、好きなことに集中したらどれだけの能力を発揮するのか想像してみてくださいってことです。


私自身の体験で言うと、整体師をしていた時に、

「いやー岡田さんじゃないとダメだよ」

と言ってくださる指名客の方がたくさんいらっしゃいました。

それを聞いて私も、

「休みの日でももしどうしても指名があったら出勤しますよ」

と言っていたんですね。

必要とされる快感。それに応えられる優越感のようなものがそこにはあったかと思うのですが、実際たまたま休みの日にその指名客の方がいらして他の人が担当したら、私のいないところで、

「お。君もうまいねえ」

とか言ったりしているわけです。もう、髪の毛抜けるかと思うくらいの衝撃でした（別にそれでハゲたわけではないですが）。

「今まであなたのためにこれだけ頑張っていたのに、なんなのよ！」

という召使的な不機嫌に苛まれたりもしたのですが、

「だったら堂々と休もう。時間になったらさくっと帰ろう」

と肚をくくれたのでその後の仕事はやりやすくなったのです。

特にサービス業の人ほど「この人は私のサービスを受けにきている」と思うかもしれませんが、世の中のバランスはよくできています。

特に会社などの個人の集合体組織においては、一人が欠けた穴は意外と誰かが埋めてくれます。


ですので、真面目な人ほど、まずサボってみまし

よう。

それでもまだ抵抗感があるという人もいるかと思いますが、よく考えてみてください。自分が無理して働いてぎっくり腰になった時、会社はなんとかなりませんでしたか？冠婚葬祭で急に休みをとった時、誰かが力を発揮してサポートしてくれたりしませんでしたか？

そう、世界は結構なんとかなるんです。

そして朗報です。

一人が欠けただけで回らなくなるような会社なら、どの道近い将来潰れるか傾きます。

そうなった時に「私を必要としてくれる場所がなくなった！」と絶望するくらいだったら、まずは自分で自分に居場所を作ってあげてください。

はじめの一歩

とことん休んでみる

やった回数だけ
足跡を残そう！

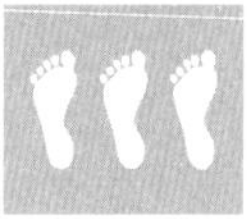

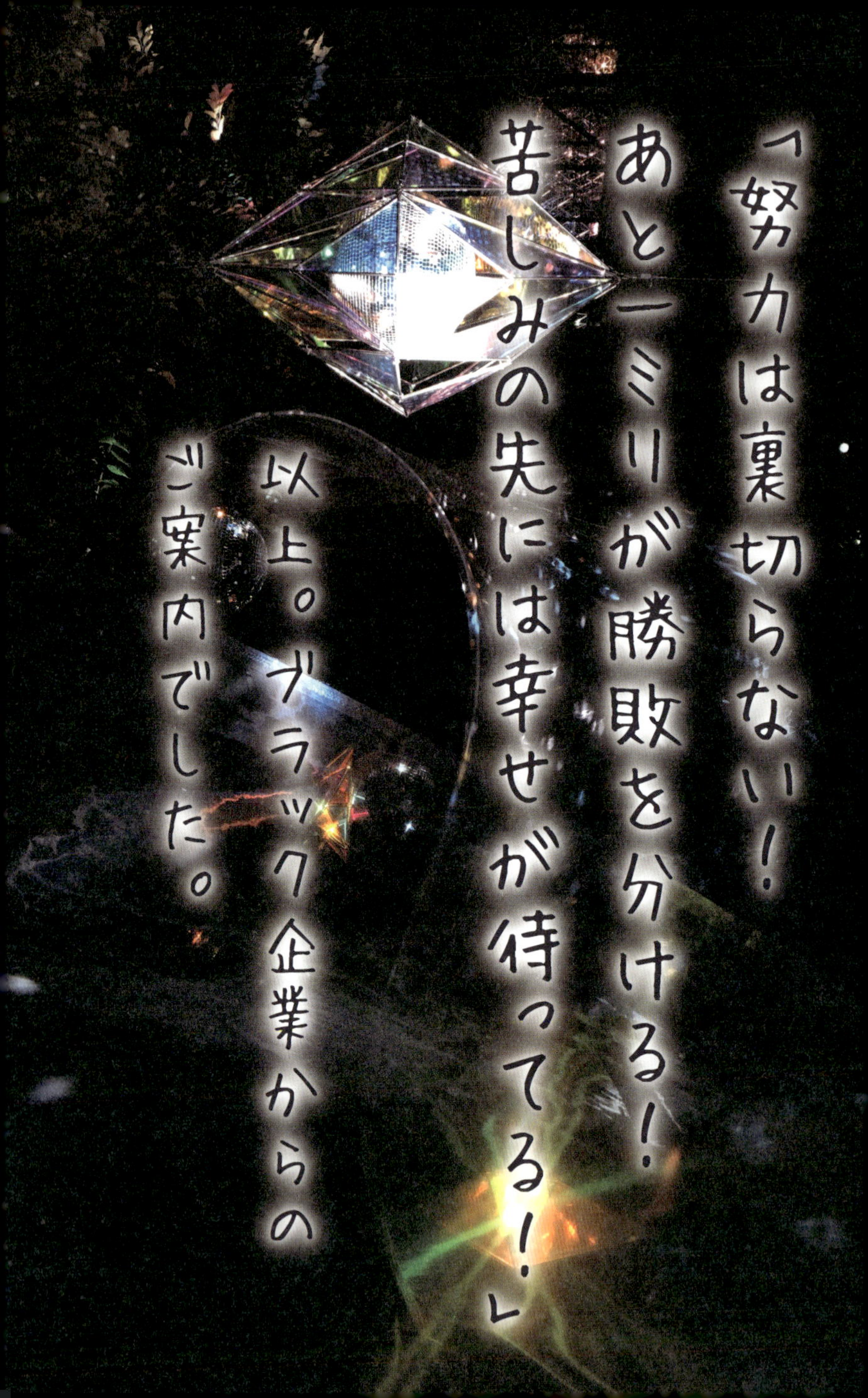
「努力は裏切らない！
あと一ミリが勝敗を分ける！
苦しみの先には幸せが待ってる！」
以上。ブラック企業からの
ご案内でした。

ていうかブラック企業は存在しない。
あるとすれば……

ブラック企業が叩かれる世の中なのですが、実はブラック企業なんてないんですよ。

現代日本においてはほとんどの職業が自分で選んでいるわけですから。

例えば労働時間の長さが問題になったりするのですが、その人が好きで好きでたまらない仕事だから夢中で働いてしまい、結果として長時間労働になっているのなら、数字的にはブラック企業かもしれませんが本人は幸せなのだからオッケーなんです。

それに対して、

社会的な信用がある会社だから、
働いてないと見下されるから、
お金がないと将来心配だから、
といった【外側の理由・不安からの行動】で就職した会社が長時間労働の会社だったら、そりゃ不満も爆発するというものです。

ここで注意しておかなくてはいけないのは、従業員を奴隷のように扱ったりするようなブラック企業と言われる会社でも、自己啓発的な要素を取り入れられると【この会社に必要とされている私はすばらしい】
【努力している俺ってかっこいい】
と自己陶酔してしまって、本当は自分を押し殺していることや不平不満が募っていることから目を背けやすくなってしまうという点です。

私自身の経験で言うと、自己啓発業界にいて心身ともに疲弊した時に、社長とゆっくり話す機会があったんです。

今思い返せば単に疲れきっていただけな気もするので、本当はただ気持ちに寄り添ってもらいたかったのだと思います。

でも、思考の切り替えや感情のコントロールのやり方を教えている方だったので、

「その不安はこうしてこうしてこうしたら解消するよ」

「君は未来のリーダーだよ」

「未来の子どもの笑顔のために、一緒に頑張ろうぜ！」

と気持ちに寄り添われるのではなくて【問題解決】と【無価値観・劣等感の穴埋め要素】を提案されたんですね。

当時はまだ感情を味わってみるとか自分の本当の望みも分かっていない時だったのでその違和感には気がつけず、ご多分に漏れず自分がまるで凄い人間になったかのように見事にコントロールされました。


——その結果どうなったか？

そこからの帰りの電車の車内でノートパソコンを開いて仕事をしながら帰ったんです。

その時に思っていたことは、

「長時間労働辛いなあ。でもやらなきゃなあ」

ではありません。

「俺の仕事を待っている人がたくさんいるんだから、その人たちのために頑張ろう。こんなことを思って仕事している俺ってかっこいい！」でした。

今こうやって思い返すと赤面ものですが、その時は全くその気持ち悪さに気がつけませんでした。

どんなに辛い環境にいたって思考を切り替えたり、感情をコントロールして一時的に楽になることなんて簡単なのです。

ただし、その抑圧した自分の思い・感情・本音はダムに水が溜まるがごとく少しずつ溜まっていきます。

そしてやがて心のダムが決壊した時に突然鬱病になったり、職場でぶち切れてしまったりするんです。

なので、もし「今私はブラック企業で働いていて辛いんです」という方は、
そもそも好きで働きだした会社なのか？
それとも不安や常識から選んだ会社なのか？
をまず振り返った方がいいでしょう。

好きで働きだした会社ならば、そこでやっている仕事の中で一番自分が好きなことはどういうことなのか？　をノートにでも箇条書きにして、

「じゃあこの好きなことを会社以外でやるにはどうしたらいいだろう？」

と考えてみる。

どうせ脳みそを使うんだったら、
「この辛い環境をどうやって乗り切ろう？」
というネガティブな思考よりも
「私が好きなことをするためにはどうしたらいいだろう？」
というクリエイティブな思考に使いましょう。

ちなみに自分が好きで働き始めた会社の場合には、気がついたら長時間労働になっていることもままあると思います。

それはそれで夢中になれているのですばらしいのですが、どれだけ好きなことをしていたって肉体的には疲労します。

いわゆるゾーンに入っている時や過集中している時には疲労感を感じられなくなりますが、意識して身体を休める時間を持つようにしてみてください。

はじめの一歩

ブラック企業にしているのは自分だと気づく

やった回数だけ足跡を残そう！

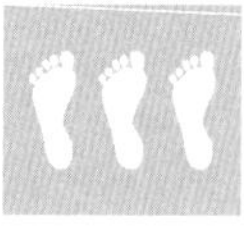

第五幕　イイコ仮面の外し方

太るから……。
見本にならないといけないから……。
嫌われたくないから……。
世間の目を気にしないといけないから……。
誰も傷つけたくないから……。
日本人だから……。

で、ほんとは
どうしたいの？

自分を出すと嫌われるからって、
そう思って、イイコ仮面してた。
「元気で笑顔なところが好き」
たくさん言われたよ。
でも、本当はいつも泣いてたんだ。
嫌われてもいいからと、
ホンネを出したあの日から。
仮面のトモダチがいなくなった。
本当のトモダチができた。

私に還ろう。

【私が望む友達像に合わせてくれるあなた】が好き問題

本当の友達っていますか？

私なりの【本当の友達】の定義は
【自分の感情も本音も全て受け入れてくれる人】
です。

この【受け入れてくれる】っていうのは、自分が弱音を吐いた時に励ましてくれる、ということではありません。ただ、「あ、あなたは今落ち込んでいるのね」と黙って側にいてくれる人のことを言います。

私自身いじられキャラを演じていたこともあるのでよく分かるのですが、本当は寂しがり屋なのに「面白い自分」を演じてしまう人っていませんか？

本当はエロいのに真面目な友達が多いからと「潔癖なフリ」をしていませんか？

そうやって自分のありのままの感情や性質を周りに合わせて抑え込んでいると、その抑圧されたエネルギーの気持ち悪さが周りに違和感となって伝わって、不快な現実を引き起こしたりするんです。


例えば本当はものすごい怒りを溜めているし動物のことなんて好きじゃないのに、「あーネコちゃんだー！　おいでー♡」

とかわいい女性を演じてしまうような人。

こういう人がネコに手を出すと「シャー!!!」とやられたりします。

それは動物は不自然なエネルギーに敏感だからです。


逆に「いやまじ、子どもとかうっせえ！」と自分の感情をそのままに出しているようなちょっと不良タイプの人ほど、「おじちゃーん！　遊んで！」とワラワラと子どもに群がられたりしますよね。

あれは抑圧した不快なエネルギーがそこにないからです。

「でも本音を出したら嫌われるかもしれない……」と不安な方もいらっしゃると思いますが、安心してください。

ちょっと本音を出した程度であなたのことを嫌ってくる人は、もともとあなたのことを好きじゃない人です。

あなたの本質ではなくて、【私が望む友達像に合わせてくれるあなた】を好きだった人です。

なので、本当の友達が欲しい！　という人は自分がまず、どんなことを感じてるのか？

ほんとはどうしたいのか？

を少しずつ伝えていく練習をするといいでしょう。

意外と本当の友達ほど

「え、あんたがネクラなのなんてもとから知ってたし！」

「え、あんたもともとムッツリスケベじゃん！　顔に書いてあるよ！」

と言ってくれるものですよ。

ちなみに、日常生活で本音を言える友達がいなくて寂しさを一人抱えていると、「みんなで褒め合いましょう！」

「お互いのいいところを三つ言いましょう！」

のようなポジティブに触れているセミナーにハマったりします。

自分で自分を褒めていない人や大切にしていない人ほど、誰かからの賞賛や応援に飢えているのであっさりとそのグループにのめり込んだりするのです。

が、どこかの他人からの褒め言葉を得るためにセミナーに行くくらいだったら、自分で自分のことを褒めてあげたくなるような行為、

・好きな服を買う

・ちゃんとメイクしてみる

・ネイルしてみる

などまずは自分に投資されるといいでしょう。

うちのセミナーは参加者同士が数時間ですごく仲良くなってその後も交流が続いたりすることが多いのですが、それは【褒め合い】をしているからではないんです。ワークの中で

「自分が何に悩んでここに来たのかシェアしてください」

「もし好きなことだけしていたら、お金も時間も人も全部あげます。何をしますか？」

というワークをするんです。

そのことによって今まで悩みを他に言えなかった人や、本当にやりたいことなんて恥ずかしくて表に出せなかった人は抑圧のエネルギーが解放されてすごくすっきりした表情になるんですね。

で、そもそもセミナーに来る人は自分のことを何とかしたくて来る方がほとんどなので、人が何を言っていようが基本的に驚くほど聞いてません。

だから否定もされない。

過度な応援もされない。

そうした時に、悩んでいても弱音を吐けない友達よりもずっと深いところで繋がって、勝手に仲良くなっていくんです。


これは別にセミナーという場所に来ないとできないことではなくて、日常生活で実践していけることですね。

ちょっと弱音を出してみる。

ちょっと怒りを出してみる。

ほんとはやりたいことを伝えてみる。


そうした時にどんな批判があったとしても、まず自分を大切にできたのだから〝ハナマル〟です。

その上で自分よりも批判者の意思を優先するのか？

それともこれからは自分の意思を優先するのか？
は自分で選んでいったらいいんです。

はじめの一歩

友達へと思っている人」に
少しだけ弱音や怒りを出してみる

やった回数だけ
足跡を残そう！

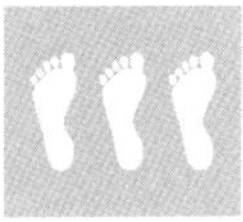

裏切られて傷ついた時、
感謝されてなくて
ムカついた時、
自分の心を振り返るだけ。
傷つくのはエゴです。
苛立つのもエゴです。
ただ与える無償の愛に、
見返りは存在しないのです。

案外誰もあなたの歌声、聞いてませんから！

「無償の愛」って言うとなにやら壮大な匂いがしてしまうので、ここではただ純粋な意識としての【楽しさ・幸せ・ワクワク】と定義します。

その意識で生きている時に、

「あいつは俺の期待を裏切った！」

「こんなに尽くしたのに！」

という不平不満はなくなるんですね。

これはカラオケに置き換えるとよく分かります。カラオケって、慣れないうちは緊張しているので歌うこともドキドキですし、選曲も「え、みんな何を歌うんだろう？　ほんとはアニソン歌いたいんだけど、無難にセカオワにしておこうかな」と葛藤するじゃないですか。

でもだんだんと慣れてくると気がつくわけです。

「あ、案外人の歌なんて気にしていないし、聴いてない」と。

そうして自分が好きなアニソンを歌えるようになってくると、自分が気持ち良く歌っていることで自己満足の自己完結状態なので、人がどんな曲を入れていようが文句つけることはなくなるんですよね。

アニソン、演歌、洋楽、なんでもいいのですが、それぞれが好きなものを歌って楽しんでいる状態なら、「もうあいつとはカラオケ行かない！」とはなりません。

そうなるのは「カラオケでは空気を読むものだ。みんなに合わせるものだ。こういう人はこういう曲を歌うべきだ」という思い込みに支配された人だけ。

自分が好きなもので生きる世界に行くと決めているのなら、「そんな輩を説得したりケンカするエネルギーを、好きな人とカラオケ行くことに使ってください」って話なんです。

このカラオケの話を日常生活に置き換えると、

【選曲↓それぞれの個性】

【カラオケ↓会社】

になります。

それぞれが自分の得意なもの、やりたいこと（選曲）に夢中になっているうちに、会社の業績が上がります（カラオケが上達します）。

ほら、カラオケと一緒ですね。**で、全体としては【カラオケ↓会社】の一員として、ハーモニーを生み出しているという状態です。**

「あなたの好きな曲を歌ったのに聞いてないじゃない！」

「せっかく歌ったのに誰も聞いてくれない……」

「そんな曲を歌う人だとは思いませんでした」

という人に対してエネルギーを使うのは、率直に言って時間の無駄です。

はじめの一歩

人の目ではなく、自分がどれだけ夢中かを意識する

やった回数だけ足跡を残そう！

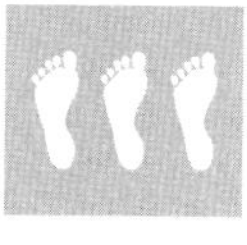

「悪いんだけどさあ」
とお願いしてる人へ。
【悪いんだけど】は
【罪悪感ベース】だから
【罰 or 責める人】が
対発生するんです。
お心当たりはありませんか？
堂々カラッと頼んだら、
カラッと応えてくれますよ。
「すみません」より「ありがとう」を。

「すみません」では済みません〈→シャレではありません〉

「すみません」が口癖になっている人っていますよね。

もしかしたらあなたかもしれませんが、それは【罪悪感】が自分の根底にある人のことです。ついうっかり「すみません」と言いそうになった時にこそ、「ありがとう」と言い換える練習をするのをオススメします。

普段言葉の言い換えというものは自分から出てきたものを変化させることになるので推奨していないのですが、この場合は「ありがとう」と伝えた時に自分の中に起こるモヤモヤした感覚や罪悪感などに、

①気がついて
②感じて
③解放してあげる

ための練習です。

罪悪感がありまくる人の場合、スーパーで買い物袋を一つ多くもらって「すみません」。お願いごとをする時にも「すみません」。優しくされても「すみません」。すみません星人です。そうするとこの世界のエネルギーは対発生するので、無意識の中ではこんな変換が起こります。

「すみません」と言われたということは、この人は私に迷惑をかけたということだな」もしくは「あ、なんか謝られているってことはもう気遣いするのをやめよう」となるんです。

仕事上で依頼する時にもありがちなのですが、デザイナーさんに対して、「すみません。三日しか納期がなくて、三万円しか払えないんですけど、お願いできませんか？」的な依頼ってあると思うんです。

これって、依頼された側のぶっちゃけた本音としては「三日【しか】？　三万円【しか】？」とカチンと来ると思いませんか？

そうするとその依頼自体はデザイナーさんにとって好きなものだったとしても、どこか心地悪さを抱えたまま依頼を受けたり断ったりすることになります。
それってあまりいいバイブレーションではないですし、その心地悪さは必ずその仕事のクオリティ自体にも影響を及ぼしていくんですよね。

そういう依頼の時に必要なものは【事実と感覚】です。

「このデザインを三日で三万円でお願いします。あなたのデザインが大好きで、ぴったりだと思うんです！」

納期、予算、依頼内容を単なる事実として掲示した上で、どういう感覚でお願いしたの

か？　も明確に伝える。

この依頼のされ方だったら、デザイナーさんも「ありがとうございます。頑張りますね」と自然と口から出てくると思います。

また、仕事ではなくてパートナーシップにおいても罪悪感が強いとこじれやすいんです。

セミナーなど大人数の方が参加する時に女性の方にする質問があって、

「この中で男性と食事に行ったらおごられるのが当たり前だと思っている人〜？」

と言うと、大体五％くらいの女性から手が挙がるんです。

「食事ごちそうするよ」と言われたら無邪気に「わーい！　ありがとうございます！」と言えちゃう人がそういう罪悪感のない現実を作り出すんです。

こう書くと「かわいい人はいいですよね」「若いうちだけですよ」と拗《す》ねる人もいらっしゃるのですが、容姿や年齢には一切関係がないんです。

男性の立場からすると、【いかにカラッと喜んでくれるか？】が大切で、特に成熟している男性の場合には自分の好意を素直に受け取ってくれる人に対して見返りを求めること

はありません。一緒に食事をしている人が幸せそうにしていたら、それでいいのです。

対して、未成熟な男性の場合は「しめしめ夕食の一つもおごっておけば見返りにホテルでも……」と計算が働いています。

こういう男性に罪悪感女性が食事をおごられた場合、「こんなおいしい料理をごちそうしてくれたのだから、見返りに何か私にできることはないかしら？」と別に好きでもない男性と肉体関係を結んだりするのです。

また、罪悪感女性の場合には【受け取り下手】の天才です。

成熟した男性から何の下心もなく「食事おごりますよ」と言われても「いえいえ、めっそうもございません」と断ってしまうのですね。

まあ自分の好みの男性でないのならばまだしも、好みの男性やパートナー、友人からサポートの申し出があった時にすら「大丈夫！　一人でできるから！」と受け取り拒否をしてしまう。

そんなことを繰り返していたら、宇宙的には「この人はどうせ受け取り拒否をするんだから、もうサービスしなくていいんじゃね？」とそういう優しい申し出すらなくなっていったりするんです。おまけにそうなった時には「どうして誰も助けてくれないのよ！」とさらに拗ねたりするのでたちが悪いのですが……。

なので、【すみません星人】にお心当たりがある方はまず、「ありがとう」の練習を。今まで自己卑下や受け取り拒否することを謙遜と勘違いしていた人からすると、ものすごくいたたまれなくなるでしょう。

でもそのいたたまれなさをないものとせず、落ち着かなくてもまずは「ありがとう」と共に受け取ってみる。やがてそのいたたまれなさが出なくなった時に、たくさんのサポートを自然に受け取れるようになっているんです。

はじめの一歩

「すみません」の代わりに「ありがとう」を使う

やった回数だけ足跡を残そう！

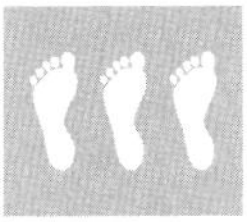

「人を傷つけてはいけない」と
思ってる人にはこう質問します。
「傷ついた人を見て、どう感じますか？」
答えが「悲しくなります」なら、
単にあなたが悲しいだけです。
自分が悲しみを受け入れて、
癒されているなら、
傷ついた人のことも見守れるんです。

マニュアル通りに生きれば良かった時代は終わった

日本人の気質や文化としてかなり強い部分なのですが、「人に迷惑をかけてはいけない」「人を傷つけてはいけない」というのはかなり強力に信念として埋め込まれているものだと思います。

でも実際のところ、人は勝手に傷つくし、勝手に迷惑をかけられたと拗ねる生き物です。

「人を傷つけないように、迷惑をかけないように、空気を読んで振る舞おう」とどれだけ頑張ったところでどこかの誰かはあなたのことを嫌ってきますし、もともとあなたのことを好きな人は好きなままです。

なので、「こうすべきだから」ではなくて、あくまで「私はこうしたいから」「私はこう感じたの」を最優先させる生き方をしてはどうですか？　と提案しているわけです。

自分の意思や望みよりも場を乱さないことを優先する。

こういった生き方は何十年か前までの高度経済成長期だったならば、成立していたかもしれません。つまり、「年功序列」や「エセ平等主義」に支配されてプログラム通りに動くロボットのような生き方をしていれば無難に生活できていた頃の話です。でももう時代はかなり変化してしまいました。

頭を使わずにトップダウンの指令をこなすだけ、割り振られた仕事を淡々とこなすだけの仕事は、あとほんの十年もたたない間にコンピューターにその役割を奪われてしまうでしょう（参考記事『雇用の未来〜コンピューター化によって仕事は失われるのか』オックスフォード大学准教授マイケル・A・オズボーン）。

なので、今コンピューターが代われるような仕事をしている人にとっては絶望的とも言える状況にますますなっていきます。

しかしながら、本当の意味で自分が仕事に夢中になっているならば、決してコンピューターや他の誰かに代わられることはありません。

だから「私だけやりたい仕事をやろうとするなんて、他の人に悪いわ」とか、「頼まれた仕事を断って相手を傷つけたらどうしよう？」と悩んでいるくらいだったらさっさと肚をくくって自分の本音を表現していく練習をすることをオススメしています。

ただし……**注意しなければいけないのは、表現するのはあくまで**

「私はこういう感情です」

「私はこれをやりたいです」

「私はこれをやりたくありません」

という【自分の内面】であるということです。

「私はこれをやりたいって言っているのにそんな仕事を押し付けるなんて、あなたどういう教育を受けてきたの？」など、相手の人格を否定するような言動は、自分の内面の表現ではありません。

あくまで主語は【私】からぶれないようにしましょう。

具体例を挙げてみます。

「ねえねえ、今度の会社の飲み会の幹事やってくれないかな？」と頼まれた時。

①幹事をすることが好きならば↓「うん。いいよ！」で完結です。

②幹事をすることが嫌いな場合→「やりたくないんだ」と伝えることです。

もし今まで空気を読んで楽しくもない幹事をやっていたのなら、「本当はそういう取りまとめとかって好きじゃないの」と伝えてもいいでしょう。

その結果、「あなたから断られるなんて思っていなかった。すごい傷ついた」と言われたとしたら……はっきり言って「知ったことではありません」。

あなたは自分がやりたくないことを断っただけ。それを受け取った側が勝手に【依頼した私のことを否定した】と錯覚して勝手に傷ついているのです。

優しい方はここで同情すると思うのですが、ここで踏ん張らないと間違いなくあなたはまた幹事を頼まれてしまいます。

また、「人を傷つけてはいけない」に過度に縛られている人の場合、単に自分の心が傷だらけなだけです。

これは多くの場合子どもの頃に失敗体験をどれだけ重ねることができたか？　にも起因しています。

自転車にチャレンジして転んだ、難しいテストに取り組んでみた、という時にもちろん最初からうまくいく人はいません。

そこで失敗した時に、両親から、

「だから止めておけって言ったじゃないか！」

「親の言うことを聞いてればいいのよ！」

と失敗した自分を否定されるような言動があった場合、子ども心に

「出しゃばってはいけない」

「目上の人（両親）の言うことは無条件に聞かないといけない（言うことを聞かないで失敗したら嫌われる）」

という信念が築かれていくんです。

そういう人の場合は大人になってからも過去の自分のようなチャレンジをする人を止めにかかったり、頭ごなしに批判します。理由は単純ですね。

【私が過去やられたことを他人にやりかえしてい

る」だけ。


言わばそういう声は単なる八つ当たりに過ぎません。

ので、大人になってからもそういう人の声に従って自分をまた押し殺すのではなく、もういいかげんに大人になっているのですから自分の意思を持って貫き通すことが大切になるんです。そうしてその練習を繰り返すことによってのみ、初めて本当に人の目を気にせずに行動することができるようになっていきます。

逆に子どもの頃に失敗した時に、

「大丈夫だよ。お前ならできるよ」

「よくチャレンジしたね！」

と褒められた場合。

子ども心には「自分のやりたいことにチャレンジして成功しても失敗しても私は愛され

ているんだ！」という信念が築かれます。

そうすると大人になってからも失敗することを恐れずに、自分がやろうと思ったことに迷いなく取り組めるようになっていくんです。

これはすごく生き生きと新しい事業を始めたり、今までの常識では考えられないようなビジネスモデルを構築するような起業家の方にも多いタイプですね。

このような人たちは、他人が同じような状況に置かれていても、決して甘やかしや単なる同情からの手助けや励ましはしません。

「人は自分で立ち直れる強さを持っている」ということを、自分の体験を通して知っているので、傷ついて弱っている人を救おうとか、傷つけないようにしようとか、余計なお世話で干渉してやろうではなく、**愛を持って他人を見守ることができるようになるんです。**

はじめの一歩

「やりたくない」なら「やりたくない」と言ってみる

やった回数だけ足跡を残そう！

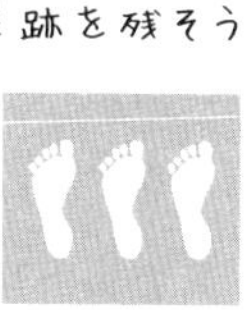

第六幕

「今、幸せだ」と言いきれるパートナーシップの秘密

離婚してるから……。
パートナーがいないから……。
ケンカしてはいけないから……。
かわいくないから……。
悲しませたくないから……。
もういい歳だから……。

で、ほんとは
どうしたいの？

誰かに裏切られるのは
何かを期待してるから。
そうしたいからする。
そうすることそのものが、
自分の幸せ。
そこから幸せの共鳴が起こる。
返報性の法則とかを持ちだして、
見返りを求めるなかれ。

したいからする！
そこに見返りはいらない

「こんなにあなたのために尽くしたのに！」って、恋愛ドラマや会社員ドラマにおいてはおそらくまだ健在の言葉だと思うのですが、これ**【言いがかり】**に過ぎません。

「何十年もあなたのことを思って尽くしてきたのに、浮気するなんて！」

「これだけ身を粉にして会社に尽くしてきた私のことをクビにするなんて！」

シチュエーションは違えど、そこに起こっているメカニズムは同じ。**【自分で自分を大切にしていないから、周りの人も自分を大切にしてくれない】**です。

普段から思考優位で生きている人の場合、人間として感じる素直な欲求にすら「NO」を出しがちです。

「あ！　このポテチ食べたい！」→「でも添加物が……」

「なんか眠たい〜」→「でも家事をしなくちゃ……」

「あ！　この男性ステキ！」↓「いけない、いけない。私には旦那がいるわ……」

そうやって自分の根源的な欲求に対して「NO」を言い続けていると、肚の声（女性で言う子宮の声）は拗ねます。

その【肚の声が自分に対して出している不満感】が外側の世界に投影された時、【自分が外側の世界に対して抱く不満感】として映し出されるんです。

なのでパートナーから、
裏切られる、
冷たくされる、
自分のことを大切にしてもらえない、
という不満感を持っているという人は、まず何を置いても【自分で自分を大切に扱っているか？】に目を向けること。
さもないと、あくまで自分の中で起こっている不満感が映し出されただけなのにその外側の世界に向かって吠え続けるだけ。
吠えてすっきりはするけど三歩歩いたら元の不満世界へと舞い戻るという負のループに入り込んでしまうのです。

逆に自分の肚の声に素直になる、
自分で実現していってあげる、
を丁寧に実行していくと、【肚の声と自分の意識（思考）】が両思いになってきます。

そうすると【自分で自分を大切に扱っているのと同じように、周りの人も自分のことを大切に扱ってくれる】ように変化していくんです。

この、
工程①：【自分の肚の声】に基づいて行動した結果、自分は自分にとって心地良いことをしているので満足する
工程②：工程①がパートナーにとって最適な行動になっていたり、嬉しいポイントにな

っていたりする
という満足感の共鳴がパートナーシップ間で行なわれるようになっていきます。

パートナーシップの現場においての具体例で言うならば、料理好きな女性が楽しんで料理をする。

食べるのが好きな男性はご機嫌に食べる。食事が終わればご機嫌に皿を洗ったり、楽しく子どもと遊んでくれたりする。

という【二人ともお互いに好きなことをしているだけで、二人ともご機嫌】な状況のことです。

よく【返報性の法則】を持ち出して、

「人から優しくされるためにまず人に優しくしましょう」

と言う人がいらっしゃるのですが、ものすごく単純な話、疲れてたりいじけている人が本当に心から人に優しくできるわけはありません。

自分が疲れている状態で人に優しくして、人に見返りを求めたところで、優しくされて

も「それは私が最初に優しくしたからでしょ？」といじけますし、優しくされなかったとしてもいじけます。

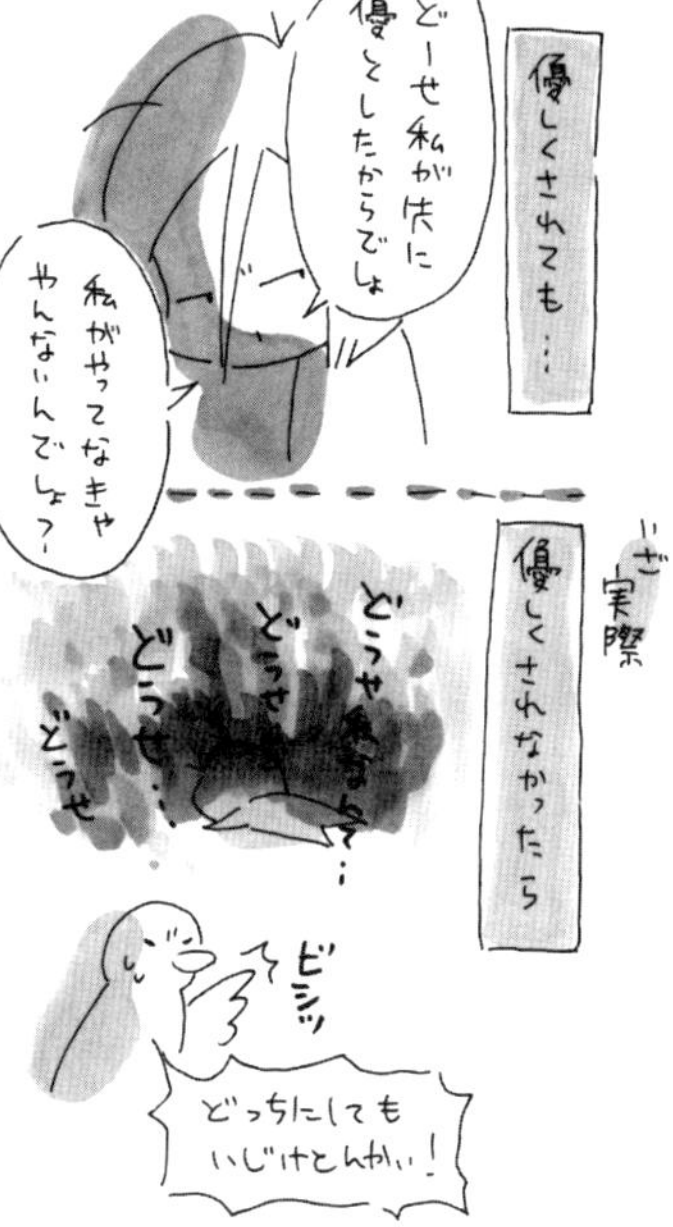

つまりは、いじけているという現実は何一つ変わらないのです。

よしんば「人に優しくしたら優しくされた！」と喜んだとしても、今度は「じゃあまず自分のことよりも人のために行動しよう！」と極論に達してしまって、その後【自分の肚の声】を押し殺して人の喜びのために行動し続けて疲弊してしまうこともままあることなのです。

だからこそ、まずは日常生活のささやかな行動一つ一つに意識を持ち、

「これは私がやりたいこと？」

「義務感から、罪悪感から行動してないかな？」

と自分に問いかけることが必要になるんです。

その葛藤の段階を抜けてただ無邪気に自分の好きなことに夢中になっていった時、勝手に人のためになっているし、勝手に喜んでくれる人がたくさん現れ出すのです。

はじめの一歩

外側の世界に不満感を抱く人ばかりなら、自分の中に原因を探してみる

やった回数だけ足跡を残そう！

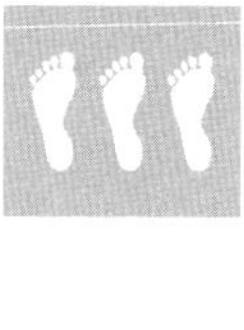

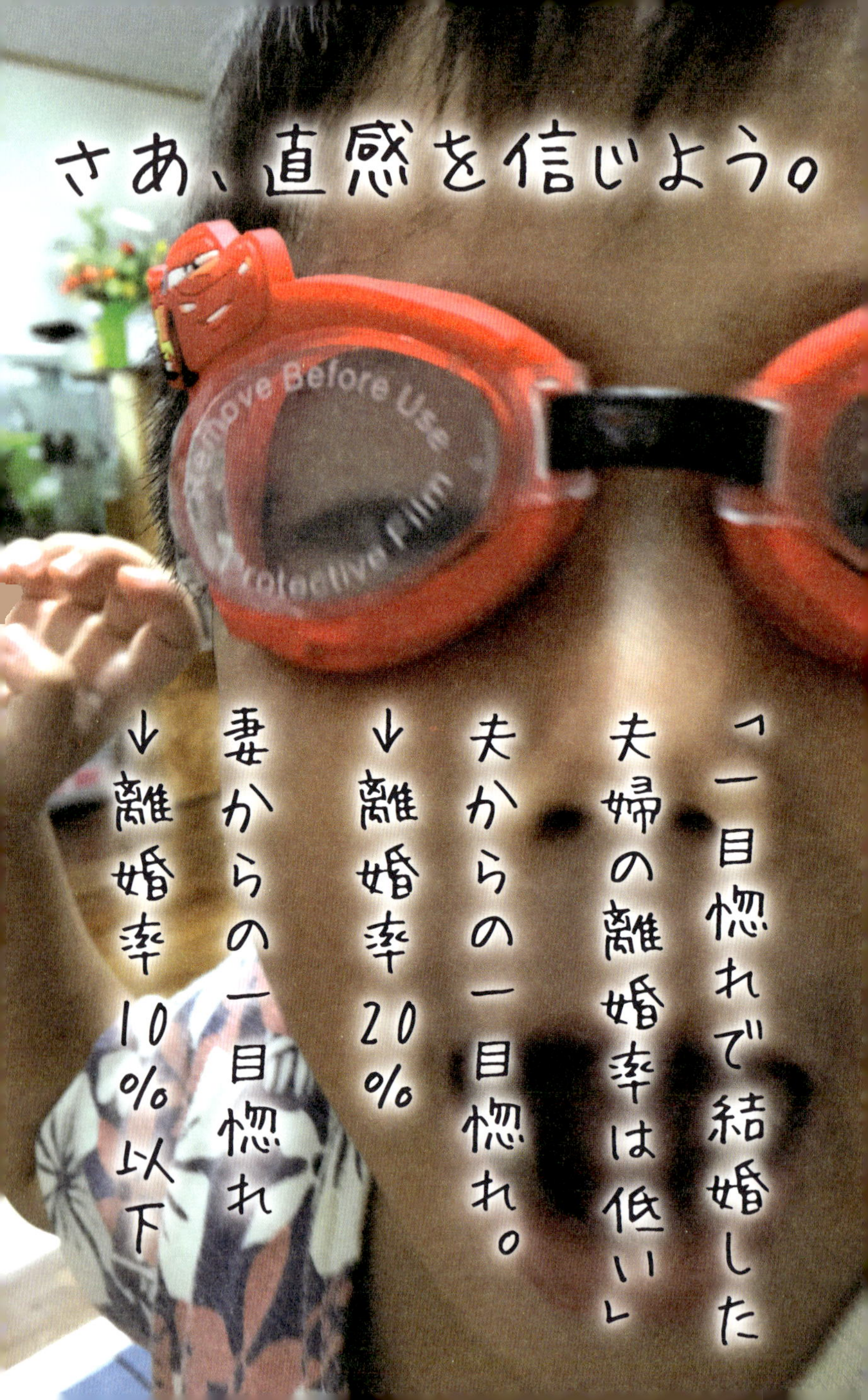
さあ、直感を信じよう。
「一目惚れで結婚した
夫婦の離婚率は低い」
夫からの一目惚れ。
↓
離婚率20%
妻からの一目惚れ
↓
離婚率10%以下
Remove Before Use
Protective Film

恋愛が始まる三つのパターンと各メリット＆デメリット

恋愛が始まる時のパターンには三つあります。

【思考】

【感情】

【肚の声（子宮の声）・直感】

です。

ここではそれぞれのケースのありがちなパターンを見ていきますね。

【思考】からの恋愛。

これは高学歴だから、

イケメンだから（自分の好みではなく一般的な）、

高収入だから、
人気があるから、
社会的な地位があるから、
両親が勧めたから、

などなど、【一般常識や周りの評価、もしくは正しい選択、高い○○といったレッテルに基づいた判断】です。

この恋愛のメリットとしては、そういった社会的なステータスをパートナーによって得ようとしている人にとっては相性ぴったりだということ。

デメリットとしては、そもそも好きじゃない可能性があるということ。

このケースが破綻《はたん》するパターンとしては、突然年収が下がったなど、最初にその人を選んだ判断基準になったステータスが変化すると、恋愛が終わってしまうということです（まあそもそも恋愛だったのかは疑問ですが）。

なので好きになった人がたまたま高収入だったならいいのですが、収入を聞いた瞬間に自分の目が獣のようになったという自覚がある方は自分を振り返るといいでしょう。

【感情】からの恋愛。

これは寂しさを抱えている人が、

いつでも一緒にいてくれるから、

連絡をまめにくれるから、

と寂しさの穴埋めでパートナーを求めるケース。

もしくは弱い自分を相手に投影すると「私がいなければこの人はダメになるから」と救いの女神になったつもりになるパターンです（自分がいなくなったらまたダメになるのなら、本当は何一つ救われていないのですが……）。

もしくは弱さの共鳴ではなく、怒りや不満などのメラメラとしたエネルギーの共鳴のケースもあります。この場合だと「一緒にこの腐りきった世界を変えましょう！」と革命家夫婦になったりもします。

この恋愛のメリットとしては、とりあえずその場の感情の穴埋めやすっきり感を味わうことはできるということ。

デメリットとしては、【どんな感情だろうが結局はそれを解放するには体感していくしかない】ために、寂しいパートナーシップならばずっと寂しいままですし、怒っている人はずっと吠え続けるだけだということです。

残念ながら「彼になかなか会えなくて寂しいの」は恋しているとも言えますが、実際は単に寂しいだけです。

また彼に会えた時にその寂しさは埋まりはしますが、離れる時にまた寂しくなるだけ。

この場合、お互いが寂しがりで心の穴埋めをしている状態ならまだいいのですが、片方の寂しさが強かった場合には次第に相手が束縛されているように感じ、浮気や不倫、家に帰りたくない、など距離を置かれやすいので注意が必要です。

【肚の声（子宮の声）・直感】の場合。

これはいわゆる【一目惚れ】というやつです。

もしくは、会った瞬間に「あ、この人と結婚するんだ」という【確信】だけがあらゆる理屈を超えて最初に浮かぶ、という状態です。

これは珍しいことではなく、講演会で参加者の方に「その感覚で結婚した人ー？」と質問すると二割くらいの方は手が挙がるのです。

この恋愛のメリットとしては、〝そもそも好きになったことに理由がない〟ので、〝別れる理由がない〟ということ。

デメリットとしては、〝そもそも好きになったことに理由がない〟ので、ネガティブな感情が出てきた時にその感情にばかり囚われてしまうと、別れ話がすぐ頭をよぎるということです。

ただ、このケースの場合には【自分の感情は自分のもの。自分で解放できるもの】ということが分かっていれば、次第に感情的なズレがあったとしてもクリアーになっていきます。

それに、もともと表面的な付き合いではないので、感情や価値観のすれ違いをお互いちゃんと表現してクリアーにしていくことによって、深いレベルでのパートナーシップを築きやすい。

だから変な話、安心して自分を出し合えるパートナーシップとも言えますので、この本でお伝えしていることを実践して本当に深いところで繋がっているパートナーシップを築いていってもらえればと思います。

三つの段階を見てきましたが、これはそれぞれ完全に別々のパートナーに対して起こることではありません。

一目惚れをした相手であっても、

寂しがりな人は「もっと一緒にいたいな、寂しいなぁ」と思うでしょうし、普段から思考で物事を判断して行動していて肚の声が分かりにくくなっている人は、自分の直感、子宮の声が反応していたとしても気がつきにくいと思います。

自分のパートナーシップがどのレベルで起こっているのか？　を判断するのが大切なのではありません。

自分の感覚を普段からどれだけ大切にしているか？　によって、表面的な思考や感情に惑わされずに本質的な部分での繋がりを持てるか？　が導かれるということです。

なので、相手がどうのこうの、の前にまずは自分がどのくらい自分の感覚に敏感になっているかな？　と眺めてみてください。

はじめの一歩

自分のパートナーシップを確認しつつ、自分自身が自分の感覚に敏感かを見てみる

やった回数だけ足跡を残そう！

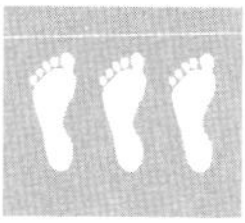

「キミは僕のモノではないけど、
宝物です」が、愛。
「キミは宝物ではないけど、
僕のモノです」が、エゴ。

束縛したってどうせ二十四時間監視はできないよ

ついついパートナーのスマホチェックをしてしまう、とか、Ｆａｃｅｂｏｏｋの女友達を確認してしまうとか、発展すると「女性の連絡先を全部携帯のメモリーから消して！」と怒鳴ったりだとか……。

やってしまいがちな行動ですけど、これは単なる【自分の不安や寂しさ・いたたまれなさを穴埋めしようとする行為】であって、決して愛ではないんですよね。

こういう行動を取られる方はよく分かると思いますが、携帯メモリーから女性の連絡先を消してもらったところで、二十四時間監視カメラで監視できるわけではありません。

確かに一時的には不安感はちょっとだけ解消しますが、不安の種は女性の身体感覚としてそこに残ったまま。

その不安バイブレーションがまた身体に現れた時に、「私といない時には一時間に一回は連絡して！」だの何だのとさらなる束縛を始めてしまうのです。

ではこの問題にどう対処するべきか？　というと、二つの段階があります。

一つ目は【不安感】から見つけた（でっちあげた）理由はそのまま一旦棚上げしておいて、まずはそのいたたまれなさをちゃんと自分の感覚なのだと大切に感じてあげること。

あらゆる感情は単なる身体の感覚なので、味覚と同じです。

料理の後味が舌の上からやがては消えていくように、そのいたたまれなさも感覚として体感していくだけでやがて勝手に落ち着いていくんです。

そうやって身体が落ち着いたら、

「あら、私はなんで悩んでいたのかしら？」

とその悩んでいた理由自体忘れてしまったり、自分自身を不安にさせる出来事自体が起こらなくなっていったりします。

二つ目は、おなじみ「で、ほんとはどうしたいの？」です。

これは至極単純な話で、

「寂しいからもっと一緒にいたい」

「一日このくらい連絡は欲しい」

という自分の感覚を丁寧に相手に伝えていくこと。

これはお互い一人の人間として価値観が違うもの同士が一緒にいるのですから、「私はこうして欲しい。こうされると嬉しい」というのは伝えない限り分かりません（伝えなくて分かる人は最初からやっています）。

「一日五回はメールして欲しいなぁ。寂しいなぁ」というのを、

↓「でも仕事だから悪いなぁ」と気遣って抑え込んでいくと、【寂しいポイント】が貯まります。

その寂しいポイントが十ポイントに達したら、今度は「てめえメールしやがれ」という【怒りポイント】に。

怒りポイントが十ポイント溜まったら、「もう終わりね、私たち」という【絶望ポイント】に変わったりするのですが、これは男性からしたら全く意味が分かりません。

元を辿れば単に寂しかっただけ。

最初にモヤモヤした段階で素直になって自分の本音を伝えることができたら、もしかしたら彼は対応してくれるかもしれないし、心構えが変わるかもしれません。


【勝手に】気遣って、【勝手に】いじけて、【勝手に】怒って、【勝手に】絶望する。

そうやって本当は単に素直になれなかっただけなのに愛する人と一緒にいることを失ってしまうのならば、それはちょっともったいないのではないでしょうか？


また、補足として男性側からの視点も話しておきますと、パートナーの女性に対して
「こいつ浮気しているんじゃないか？」

「他に好きな人でもいるんじゃないか？」

と勘ぐる男性というのは、女性側の愛情を疑っているのではありません。

自分自身に対する自信のなさがパートナーシップの過程において浮き彫りになっている

だけ。

そういう男性に対して「浮気なんてしてない！」といくら証明しようとしても、そもそも自分を信じていない人は永遠に納得するはずがないのです。

そんなお悩み解決にエネルギーを注ぐくらいだったら、自分で自分のことをご機嫌にして、男性から疑いをかけられても「してないよー」とカラッと言える状態を作るように意識することが大切です。

心理学的に、というか単純な人間の心理として、「しないでね」と言われると「したい」が生まれます。

ダチョウ倶楽部方式です。

「押すなよ！　押すなよ！」と言われると押したくなる。

「このお菓子はお客さんに出すやつだから食べないでね」と言われると食べたくなる。

人は禁止されるとやりたくなる生き物なので、パートナーに自分の要望を伝える時には「これをしないでね」よりも「こうして欲しい」を中心に伝えるようにするといいでしょう。

なお、言うまでもないかと思いますが、このやり取りは、単純に【相手のことを好き】ならやってみてくださいね。ということです。

前に挙げたような思考で選んだ相手や寂しさからの穴埋めなどで選んだ相手なら、結局のところそもそも好きではない相手に自分の要望にどれだけ応えてもらったところで、さほど幸せではないのですから。

はじめの一歩

まずは自分の要望を伝えてみる

やった回数だけ
足跡を残そう！

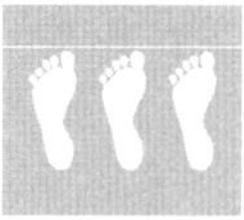

ポジティブな会話の多い
夫婦の幸福度が高い。
じゃなくて、幸せだから
自然とポジティブな
会話になってるだけ。
言葉は感情から生まれるから。

不満を堪えて
ポジティブな言葉で
上辺を固める夫婦を
仮面夫婦って言うんです。

ケンカをするほど仲が良いはほんと
※ただし、本音が出せている場合に限る

「ポジティブな会話の多い夫婦の幸福度が高い」というのは何かの資料で読んだことがあるのですが、正直これを真に受けて、

本当はちょこちょこムカついたり、

寂しかったりしているのに、

〝感謝合唱雨あられ〟をしたところで、生まれるものは【一見仲の良さそうな夫婦】でしかないんです。

もちろん、最初から本当に仲の良い夫婦というのは存在しますが、それはお互いがある程度自分に向き合ってきている、もしくは充分な愛情を受けて自己受容感がしっかり育まれている大人同士の場合。

大抵の場合、パートナーというのは自分の一番深いところに触れてくれる、奥底の感情

を（好きだからこそ）引き出してくれる相手ですから、その都度、自分自身をクリアーにしていく必要があるのです。

その際に必要なプロセスが、お互いの本音を出し合うための【ケンカ】です。

と言ってもこれは理論立った大人のケンカではなくて、子どものケンカのような、

「嫌だー！」
「こうしてー！」
「もーーー！」

というような吐き出しレベルのものでいいです。

これがあると、それまでに感情を抑圧していた人ほどその後信じられないくらいクリアーになっていきます。

本当は子どもの頃にこうして自分の感情を表現した時に、「そんなあなたのことも愛しているのよ」と両親との間で愛着が育まれていれば、自然と自己受容感の高い、安定した

人間になっていくはずなんです。

が、感情を表現することを否定されたり、果ては「お前は本当にダメなやつだ。出来損ないめ！」などの人格否定をされ続けたりすると……

いつの間にか想いを表現することを忘れ、自分の感情や肚の声すらもおぼろげになっていったりするのです。

そうして大人になるに従って、

嫁はこうあるべき、

正しい妻でいないと、

男性はこうあるべき、

など思考で感情や肚の声を押し殺してしまう。

ただこういった人たちも、決して手遅れというわけではありません。

どこかのタイミングで一度嫌なやつになったり、不良化し、一度溜め込んだものを表現して、

「あ、私にはこんな感情があったんだ！」

と自覚して体感していくことで、正も負もどちらも理解したからこその中立、ニュートラルな自分の立ち位置に気がつくことができるようになります。

ただし、簡単にいかないのが、ずーっと抑圧しきってきていた人の場合です。

例えば怒りを三十年我慢して生きてきた人が一旦ブチ切れると、

家の壁を破壊したり、

相手に対して暴力を振るったりと、

極端なまでに怒りの表現をすることがあります。

いくら真理が【究極的には物事はみんな完璧】とは言え、それは時に犯罪になって逮捕されてしまいます。刑務所の中で自分に向き合っても構わないのですが、せっかくなので犯罪はおかさないでおいた方がこの世界を楽しめると思います。

なので、そういった抑圧歴の長い方にオススメなのは、前述もしていますが、

一人でいる時に枕を口に当てて叫んでみる、

お風呂で顔をつけて思い切り吠えてみる、
車の中で怒鳴ってみる、
ときめかないものや苦い想い出が染み付いているものを破壊してみる、
などです。
そうやって感情の表現をした後に自分の感覚を感じていってあげると、ガス抜きになりますので、犯罪級の怒りが出てきてあら逮捕、ということにはならなくて済むと思います。

参考までに私が怒りを出す時にやったことを書いておきます。

・会社員時代のスーツ・シャツを引き裂く
・「怒りを抑圧」的なセミナーで取ったノートや関連書籍を一ページずつ破きながら吠える
・ひとりカラオケに行ってブルーハーツを延々と歌う（一曲歌うごとに身体の状態を味わう）

などです。
自分が何に対して怒りが出るのか？　は人それぞれ違いますので、いろいろ試しつつ参考にしてみてください。

これに対してあまり意味がないケンカというのは、

「男なんだから稼いでよ！」

「女なんだから家事しろよ！」

「料理一つ作れないのか！」

という【主語が自分ではない罵り合い】です。

このパターンでどれだけ喧嘩をしようが、結局はお互いの価値観の押し付け合い。

SEKAI NO OWARIという私の大好きなアーティストが『天使と悪魔』という曲の中で

〝正義を生み出した神様　聞こえていますか　あんなものを生み出したから　みんな争うんだよ〟

と歌っていますが、まさにこの通りです。

パートナーシップだけではなくて日常生活においての人間関係全てに言えることですが、

「私は正しい。あなたは間違っている」の罵り合いではなく、**「私はこれが好きなの。あなたは何が好き？」という楽しさの共鳴・共有へのシフト。**

それができるようになってくると、一段と深いパートナーシップを築いていくことができるようになるでしょう。

はじめの一歩

パートナーとケンカしてみる

やった回数だけ足跡を残そう！

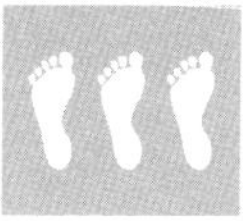

旦那とのセックスレスに
悩んでいる方へ
自分が旦那の母役に
なっていませんか？
母という家族のことは
愛していても、
セックスはしません。
母や嫁である前に、
あなたは自分を生きていますか？

旦那の代理ママという病

セックスレスに悩む女性の方というのは、掃除・洗濯・家事・育児を本当はやりたくないけど【そうすべき】だから頑張っている方が多いです。**つまり、自分が一人の女性である前に【正しいこうあるべき像】を優先して生きている方のことです。**

「家事育児をしてくれる一番側にいてくれる女性」では、なんのことはない【旦那の代理ママ】をしているだけ。

それでも心ある男性なら「いつも子どもの面倒を見てくれてありがとう」くらい言うかもしれません。が、役割的にやっていることが【社会的に望まれる理想のママ】であるならば、その感謝は「愛する人よ、ありがとう」ではなく「ママ、ありがとう」なのです。

特に日本は男性側の育児に対する参加率が他の先進諸国に比べてダントツで低いです。

昭和世代に比べたらかなり変化してきているとはいえ、まだまだ男性の家庭に対する意識は、仕事にかける情熱（時に義務感）と比べると雲泥の差だと言えるでしょう。

なので、もしあなたが今一人孤独に家事育児をされているのであれば、あなたからちゃんと「私はこう感じている」「私はこれをしたい（または、したくない）」と、その大変さを伝えましょう。でないと、男性は分かりません。

まして本当は育児でいっぱいいっぱいなのに「あなたお疲れさま」と作り笑顔をしてごまかしていたら、仕事や常識で頭がパンパンの男性が「ん？　実はなんか辛いんじゃないかな？」と察することは非常に困難です。

【何も文句を言わずに家事育児を当たり前にこなしてくれる妻】は無自覚の間に【そうしていた自分のママ】に重ね合わせられます。特に両親のうち母親だけが家事育児を担っていて父親は仕事ざんまいだったという男性の場合、それは〝当たり前の感覚〞としてその人の無意識のパターンとして刷り込まれているのです。

だから「自分を一人の人間であること」を伝えること。それがセックスレス解消のための最初の一歩です。

そして、二歩目。これは自分で自分のことをちゃんと女性として扱っているのか？　ということです。**一年中すっぴん、ジャージ、サンダルで過ごしているのに「セックスレスなんです。旦那が私のことを女性として見てくれないんです」って……コントですか？**

自分の女性の部分を大切にしていない方からのセックスレスの悩みは、「私は私のことを大切にしていませんが、彼には私のことを大切にして欲しいです」という壮大でもない自作自演の傷つきましたコントに聞こえます。

まずは「私は自分の女性性を自分で満たしています。なのに彼とはセックスレスなんです」と言えるくらいまでは自分で取り組みましょう。

補足として……「セックスレス」をパートナーの片方が悩んでいるとしても、もう一人は全然そう思っていないこともあります。「このくらいの頻度でセックスしたい！」という感覚も一人ずつ違いますので、回数的な問題であればそこを擦り合わせてもいいでしょう。

はじめの一歩

旦那の代理ママを卒業し、女性としての自分を大切にする

やった回数だけ足跡を残そう！

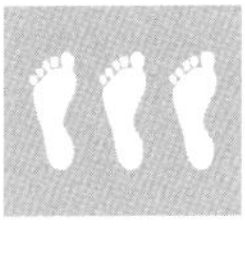

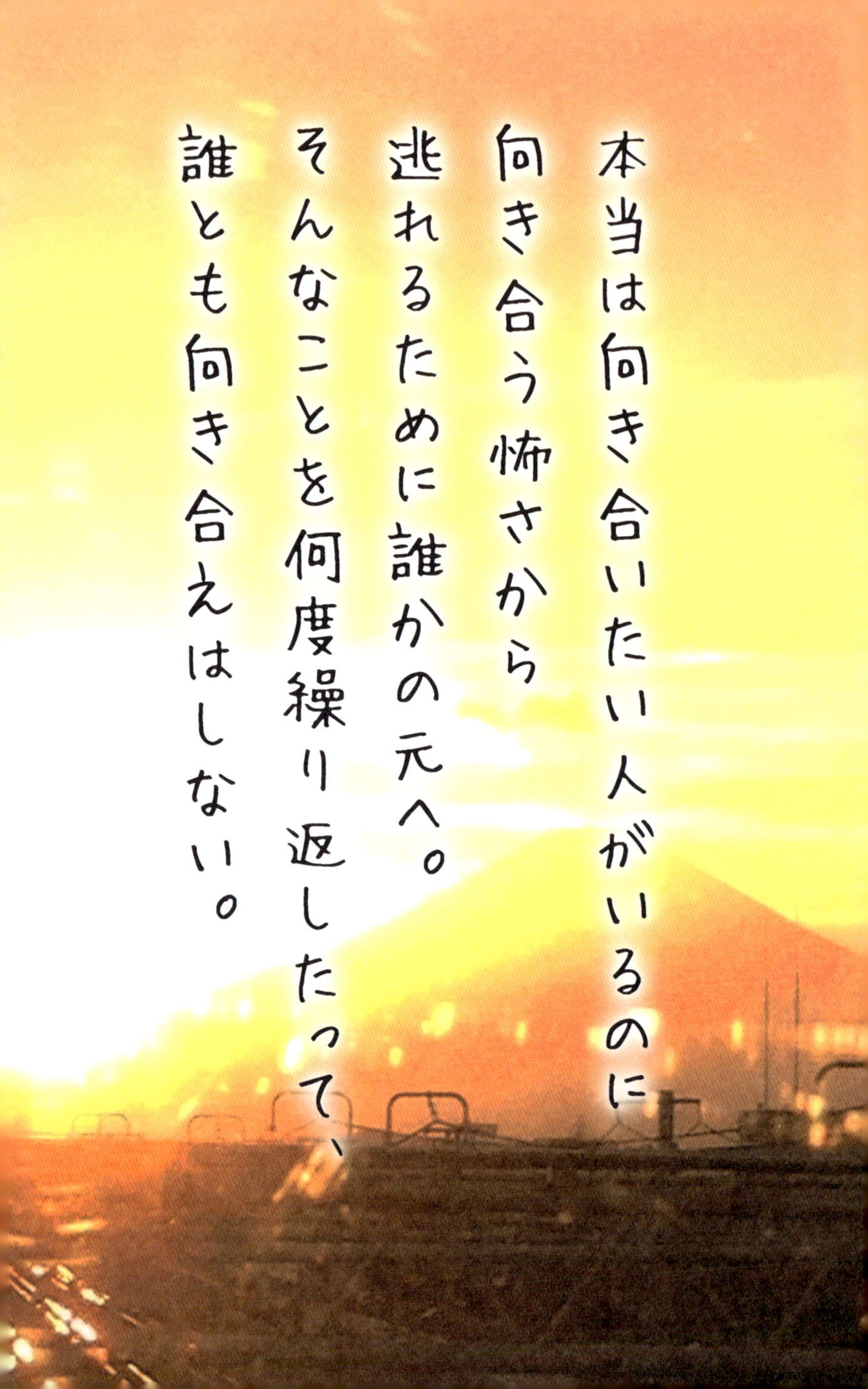

本当は向き合いたい人がいるのに
向き合う怖さから
逃れるために誰かの元へ。
そんなことを何度繰り返したって、
誰とも向き合えはしない。

不倫していいか悪いかの前に、それであなたが幸せかどうか

あくまで便宜上、になりますが【いい不倫】と【悪い不倫】が存在します。

【いい不倫】というのは一対一のパートナーシップ（特に婚姻関係）をしっかりと築き上げて、そこでの生活が満たされた状態でする不倫のこと。

【悪い不倫】というのは一対一のパートナーシップに不満があるから、そこのストレスの発散として行なう不倫のこと。

不倫に対する明確な定義というものが法律上は存在しないため、ここでは【配偶者のある人が、自らの意思で配偶者ではない人との性的関係を持つこと】と仮に定義しておきます

【いい不倫】と【悪い不倫】について、あえて小難しく書きましたが、要は【その行為に

関わる人が幸せであるかどうか？】です。

「え⁉　不倫に関わって幸せだとかありえない！」とお思いの人もいらっしゃると思うのですが、そもそも一夫一妻制ではない国・地域はたくさんあります。

一夫多妻制もあれば多夫一妻制もありますので、「男女は一対一のパートナーシップを築くもの」だということ自体、単なる日本の常識に過ぎないのです。

そしてどの制度を採用している国であろうとも、当然痴話ゲンカか恋愛トラブルは起こっているでしょう。なぜならあらゆる問題の原因は【単なる個人の感情・思考】であって、私たちが同じように人間である以上は同じように悩み、迷い、傷つくからです。

ここ一年ほどの間に芸能人の不倫問題がマスコミを騒がせていましたが、自分が被害にあったわけでもないのに（そもそも被害とは？）、「謝罪しろ！」と要求する声が大多数を占めるという日本の現状を鑑《かんが》みるに、まだまだ【不倫・浮気】などの概念が覆されるのには時間がかかりそうです。

さて、では本題に戻ります。

自分が婚姻関係にある時にはまずそのパートナーシップがしっかりと築き上げられているか？　が何より大切です。

最愛のパートナーがいるのに、

「嫌われたらどうしよう……」とこわくて本音を言えなかったり、

特にセックスの時になど「淫らな女だと思われたくない」と恥ずかしがって「こうして欲しい」と言えなかったりすると、

そこで抑え込んだ欲求が性衝動と結びついた時に、

「誰でも良いから私の本音を聞いて欲しい・欲求に応えて欲しい」

と不倫に走ることがあるのです。

これは典型的な【悪い不倫】です。旦那の前では質素倹約でおしとやかな良き妻を演じているのに本当は性欲が強く乱れたい自分がいるため、その衝動を発散するために不倫に走って乱れる、などのケースです。

また、普段良い人ぶって感情を押し殺していると、時に感情を感じたくなり、刺激が欲しくなるのです。

「バレたらどうしよう」「社会的にいけないことをしているわ」という罪悪感やいたたまれなさを味わいたくて同じ行ないを繰り返していく。これは商品を買うことができるのに万引きし続ける犯罪者と同じ思考回路です。

※個人的には、感情という刺激を味わいたいのならば感動的な映画を見たり、ジェットコースターに乗ったり、旅行してみたり、と健全にその欲求を昇華しておくことをオススメします。

しかしながら単純な話、そんなことを続けていても、もともと好きな人との間のパートナーシップは何一つ改善されていっていませんので、またいつしか欲求不満を募らせ、その結果また空しき不倫に走り続けるのです（ちなみにその欲求不満が性ではなくて食に走ると過食・拒食症になったり、ビジネスに走ると過労死したり、と極端にバランスを崩すことになります）。

なのでそういった欲求不満、ストレスのはけ口として不倫をしているという場合には（ず

っと満たされないままでいたいのならそのままで構わないのですが）、まず、

自分にどのくらい素直になっているかな？

抑え込んでいる本音はないかな？

私は本当は誰のことが好きなのかな？

といったん自分を省みる時間を持ってみるといいでしょう。

そして、ありがちな勘違いですがそうやって一対一のパートナーシップを築いていたって、肚の声・子宮の感覚は動物的ですごく素直です。

時には「あ、この人に抱かれたい！」という衝動が身体から起こることも、あって自然なこと。**そう思う自分を「淫乱なのではないか？」と押し殺そうとするのではなくて、「あ、なるほど。こんなことを私は感じているんだね〜」とそのまままずは認めてあげてください。**まずその感覚を素直に認めて感じて解放すれば、しょっちゅう不倫に走る必要もなくなります。

そういうエネルギーの動きは自然現象みたいなもので、すでに起こってしまった感覚に対してそれを抑えようとすると、より〝やりたく〟なります（ダチョウ倶楽部方式で）。

特に【食欲・性欲・睡眠欲】という人間の持つ三大欲求を抑圧するとその反動はすぐに身体にやってきますし、身体の状態が崩れると周りの環境や人すら、不快な状態になってしまいます。

どんな自分であってもまず一旦受け入れる。その上で、あなたの人生なのですから自分で何を選択するのか？　を選んだらいいんです。

また、男女どちらが婚姻関係にあるのか？　を問わず、**「私がいないとこの人は生きていけないから。見ていられないから。助けてあげたくて。寂しそうだから」**などの理由で**不倫に走るのは、１００％自分の満たされない内面の投影です。**

特にパートナーシップが満たされていない、かつ自分で自分を満たすことすらしていないという人の場合には、【人を満たしてあげた時にだけ、自分には存在価値がある】という思考パターンを持つことがあります。

この場合にも自分で自分を満たすまでは、ずっと他人の心の穴に対して水を注ぎ続けますので、いつまでも自分の心のコップは満たされないままです。人に水を与えるのは自分というコップに水が溢れてから、をまずは念頭に置いてください。

ちなみに、【いい不倫】というのは一夜を共にした相手との別れ際、ドアが閉まった瞬間に相手の顔を忘れるような状態です。

相手に対する執着ゼロ。

寂しさや嫉妬の投影ゼロ。

こう言うと語弊があるかもしれませんが、「あーおいしい料理だったー！」と満足しきってレストランを出るような感覚で「あー気持ち良いセックスだったー！」と満足しきってホテルを出られるか？　が、まさにその瞬間だけを満喫している気持ち良い不倫か？の見極めになると思います。

（注）一応言っておきますが、決して「不倫をした方が良い」と言っているわけではないのであしからず。

はじめの一歩

不倫が良いか悪いかの前に、自分がそれで幸せかどうかの見極めを

やった回数だけ足跡を残そう！

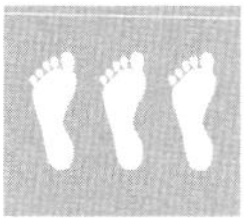

離婚をしようが
しまいが、
誰と一緒に
いようがいまいが、
自分からは
決して離れられない。
まずは
自分と両想いに。

「もし子どもがいなかったら離婚する？」で出てくる本心

こういう仕事をしていると「離婚しようかどうかで悩んでいます」と相談されるのですが、正直なところどちらでも構いません。離婚しようかどうかを悩んでいるということは、凝縮してしまえば「モヤモヤしてます。ネガティブな感情を相手のせいにしています」と言っているだけ。

なので【離婚をしないこと】を選んでも【離婚をすること】を選んでも、自分自身に向き合わなかったらその関係性が変わるわけはありませんし、現れる男性のパターンが変わるわけもないのです（全ての出来事は感情を体験したくて起こります）。

ただ、「子どもがいるから離婚できないのです」と離婚を思いとどまっている人の場合には、すでに「離婚したい」という本音が透けて見えてきています。はっきり言って一人の人間が幸せに生きられるか？　両親が離婚したせいにしてみじめな一生を終えるか？

はその人自身の趣味の問題です。

「あなたがいるから離婚できないのよ。我慢しているのよ」というのを言葉だけでなく態度で表しているような両親の元で育った子どもに伝わるのは、「育ててくれていることへの感謝」ではなくて「私は両親にとって邪魔者なんだ」という裏メッセージです。

いつまでも子どものせいにして自分の本音から逃げたところで誰一人幸せになるストーリーには展開しませんので、「もし子どもがいなかったら離婚するか？」と自分の心に聞いてみるといいでしょう。

また、「うちの旦那は本当にダメな男なんです。だから離婚したいんです」という人の場合には、「もしかしたら私がこの人をダメ夫に育ててないか？」と疑ってみてください。

岡田家の場合、家事、育児、仕事を旦那である私が担当していますが、それは妻のはるちゃんが自分の要望を包み隠さず出してくれるからこそ、それに応えている間に成長したのです。もし仮に彼女が家事も育児も一人で頑張ってくれていたら、私だって積極的にそれらをすることはなかったでしょう。

なお、特に四十代以降の男性になると「家事・育児は女性の担当」という固定観念にガチガチに縛られていることが多いです。一度や二度お願いしたくらいで最初から上手くいくわけはありませんので、そこは日本刀を鍛えるかのごとく、何度も何度も鍛えていくしかありません。

一度も鋼を鍛えた（本音を伝えた）ことがないにもかかわらず、「いや、この刀はダメですよ。鍛えたことないですけど」て、そりゃ言いがかりというものですよ。

それでもまだ離婚は迷うという方に耳寄りなお知らせです。

日本は一度離婚しても同じ人と再婚できます。

なので「この人はダメだ」と思って離婚したって、自分に向き合ってクリアーになった後に「あ、やっぱりこの人だ」と思ったら再婚すればいいのです。

はじめの一歩

離婚する前に、まずは自分をご機嫌に

やった回数だけ足跡を残そう！

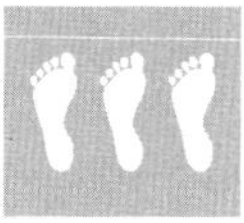

幸せな結婚生活を送りたいなら、
たった一つ覚えておけばいい。
結婚しなくても幸せなら、
結婚しても
幸せでいられる。

結婚すれば寂しくなくなると思って
結婚すると、今度は寂しさを
結婚のせいにし始める。

「結婚したら幸せになれる」は、100％嘘

【結婚しなければいけない】という思い込みって、もうだいぶ日本では崩れてきている気がします。

が、それでも結婚していた方が優遇されることも多いですし、便利なのでそれはそれでシステムとして活用するくらいの意識でいいのではないでしょうか？

ただ、今独身で、

「友達がみんな結婚して寂しいなぁ」
「土日一緒に過ごせる人が欲しいなぁ」
「私も子育てしてママ友作りたいぁ」

と思って結婚したいと思っているとしたら、かなり注意が必要です。

細かい心理学的な解説など抜きにして、単純に、

独身を謳歌している人もいれば、
結婚してマイホームも買ったのに家に帰りたくない人もいます。
子だくさんなのに毎日寂しさに打ちひしがれている人もいますし、
一人で遊園地に行って楽しめる人もいます。

要は自分の中にある寂しさや劣等感を【結婚していない】という事実のせいにしているだけ。

この状態でもし婚活に励んで結婚できたとしても、寂しいものは結局寂しいのです。
結婚したところで二十四時間一緒に過ごせるわけではありませんから、それまでは独身のせいにしていた寂しさを、今度は旦那の帰りが遅いせいにし始めるだけ。

なのでこれから結婚したい！　と思っている人の場合、まず自分一人での幸せを満喫していくことに最初に取り組んでいくと良いでしょう。

なお、自分一人での幸せというのは、【私にとってはこれが幸せ】というものです。
オシャレなカフェでカプチーノを飲む。
庭で花を育てる。
大好きな漫画を一気読みする。
アロマの香りに包まれてみる。
など、あくまで【自分主体】で選ぶことが大切です。

陥りがちな罠としては『幸せな結婚をしている人のやっている10のこと』みたいな本を参考にして、それをそのまま実行すること。

この本では【まず自分で自分を満たすこと】の大切さをお伝えし続けていますが、自分が満たされていないのに、幸せな人の真似をして一時的に幸せなフリをしたところで、その後にやってくるものはさらなる落ち込みだけです。

自分の感覚に敏感になっているから、人の気持ちを察することができる。自分のご機嫌を取っているから、自然と笑顔になれる。

楽しそうだから、楽しそうな人が集まってくる。

自分を出発点にすると、

「何を当たり前のことを言っているんだ?」

となりますが、この順番を逆にするとどんどん精神的に追い込まれていきます。

本当は落ち込みがちで寂しがり屋なのに、

「人の気持ちを察して、笑顔を作って、楽しそうな人がいるところに行けば私も幸せになれるんだわ!」

と勘違いして行動すると、楽しそうな人の輪に囲まれて圧倒的な孤独感に苛まれるか、その場は楽しかったとしても家に帰ってから何一つ変わらない現実に打ちのめされることでしょう。


そういう方の場合、すぐコロッといってしまうのが

【感動的な演出のサプライズプロポーズ】です。

自分で自分のことを大切に扱っていないから、いざ自分が大切に扱われたり、自分のために時間とお金を使って演出してくれると過剰に感動するんです。

でもそれ、本当は自分で自分にやってあげたらいいこと。

自分で自分に時間や手間をかけていない心の穴埋めをしてくれた他の誰か、に疑似恋愛をしたところで、燃え上がった恋心はその後、急速に冷めます。

そういう演出が好きな方はまた別の話ですが、感動的な演出で感情を揺さぶられた時にこそ、ハートではなくて自分の肚の声に意識を向けてみてください。

まずは自分で自分を一番大切にすること。

そうやって自分のご機嫌をしっかり取ってさえいれば、あなたのことをあなたと同じように大切に扱ってくれるパートナーが現れるはずですから。

はじめの一歩

「結婚しなければいけない」という思い込みを捨てる

やった回数だけ足跡を残そう！

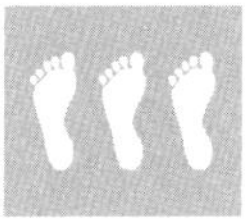

第七幕

子どもを「守る」から「見守る」へ

親がいなかったから……。
正しい子育てをしないといけないから……。
助けないといけないから……。
「良くない」って聞いたから……。
結婚してるから……。
妊娠してるから……。

で、ほんとは どうしたいの？

子どもに料理を教えるなら、
ママが料理を楽しんでいればいい。
仕事の楽しさを教えるなら、
パパが仕事を楽しんでいればいい。
子どもに何も教えるな。
あなたが楽しく遊んでいれば、
「それ教えて」って言ってくる。

子どもは親のバイブレーションを見抜く天才

実は「子育て」っていう言葉に違和感があって、「子育つ」だと思うんですよね。勝手に育つ。

もちろん、子どもの頃は両親の力がないと生きていけないでしょうし、乳幼児の頃はママのおっぱいがもらえるかどうかは死活問題。そういう時期は生きていくにあたって必要な【衣・食・住】を両親（やそれに変わる大人）が用意してあげないといけないと思います。

しかしながら、子どもが自立し始めてきたら、

「これしちゃダメよ」

「こうすべきよ」

「この方が良いのよ」

という【気遣いというコントロール】をするのではなく、

「どうしたいの？」
「何が好きなの？」
という子ども自身の意思を聞き出し、その実現に大人の力が必要であればサポートしてあげる程度でいいのです。

例えば、両親が教師をしていて子どもも教師を目指すという場合、二つのパターンが考えられます。

一つ目は「教師になりなさい。私のようになりなさい。公務員は安定しているから。うちはそういう家系だから」と両親が子どもに価値観を押し付けた結果、逆らえずに【教師になる】という道を選んだ場合。

これは子どもの心に「両親の言うことに従ったら褒められる。逆らったら叱られる」という【世の中は報酬と罰に従え】という信念が埋め込まれます。

このまま大人になり教師になると、
「報酬（＝給料）のためなら、罰（＝長時間労働・モンスターペアレンツ・学級崩壊など）に耐えなければいけない」
という信念の元、自分を押し殺して頑張る
↓その結果精神疾患になる
↓休職や離職
というケースもあるのです。

子どもに大人側の意思を押し付けるというのは、子どもの意思が一人の人間として尊重されていません。どんなに「あなたのためよ」という言葉を尽くしていいわけをしたところで、子ども心に育まれるのは「私は大事にされていないのだ」という想いです。

そういう体験を重ねていった子どもの場合、「私は自分の意思を持っちゃいけないんだ」と自分の本音を出せないような大人になっていく可能性も高いのです。

そもそもですが、そういうパターンを子どもに押し付けるような両親の場合、親自身教師として幸せに働いているのか？　は甚だ疑問です。

そんな両親の想いを引き継いで教師になったところで、親子揃って愚痴り続けるのが関の山ではないでしょうか。

それと真逆なのが二つ目。

「うちのパパとママは教師をしていて楽しそうだな。私もそんな仕事したいな」という自分の内側から湧いてくる内的モチベーションの場合です。

これはもう労働条件、雇用形態などにかかわらず【まず自分の感覚】で仕事を選んでいるため、後になって問題や悩みが起こった時にでもその選択をした時の感覚に立ち返ることができれば、再び歩みだす原動力をつかみやすいのです。

ちなみにこうやってお伝えすると、

「私がワクワクして仕事をしていたら、子どもも同じ仕事を選ぶのね」

と思う方がいらっしゃると思うのですが、そんなことはありません。

両親と同じ仕事を選択するのはあくまで親子間で素質が似ている場合です。

両親が楽しそうに教師をしていたとしても、子どもにとってのワクワクが料理であるならば料理人を目指すことだってあるのです。

大切なのは、【「自分の人生の選択は自分でしていいのだ」と伝えること】と【「仕事って楽しいものなんだ」ということを両親が自分の後ろ姿で見せてあげること】。

子どもは残酷なまでに正直です。

本当は辞めたくて仕方ない会社で働いているパパが出勤の度に、

「行ってきます！　いやー仕事楽しみだなぁ！　感謝！」

と作り笑顔をしていたら、子ども心に埋め込まれるのは、

「大人になったら無理して笑わないといけないんだ。自分を犠牲にしないといけないんだ」

という想いです。

子どもは表面に出ている言葉や口角の角度よりも、その人自身が発しているバイブレーションを瞬時に見抜く天才です。

特に小学校入学前の子どもたちは感覚人間です。嘘つきや良い人ぶっている人からは瞬時に離れます。

もしごまかせていると思っている人がいらっしゃるなら、おそらく勘違いだと思いますので、さりげなく子どもに確認してみてもいいかもしれませんね。

最後に、「あなたたちのために仕事を頑張っているのよ」という言葉も諸刃の剣です。**これを仕事で苦しんでいる両親から言われると、子どもは「私のせいで両親を苦しませているんだ」と思います。**

これを仕事を楽しんでいる両親から言われると、子どもは「わーい！　ありがとう！（私のおかげで楽しいことができているのね）」と思います。

重要なのは【両親自身が楽しんでいるかどうか？】だけ。

つまりは、あなた次第なのです。

はじめの一歩

子どもに自分の意思を押し付けない

やった回数だけ足跡を残そう!

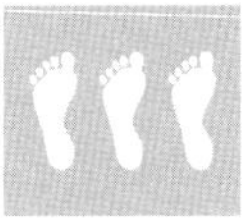

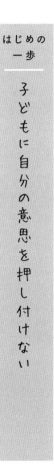

同情と愛情は違う。
同情は「助けてあげなきゃ」と
相手を弱者と判断すること。
ほんとに弱いのは自分なのに。

愛情は「あなたなら大丈夫」と
相手を信じて見守れること。
見守る自分も信じてるから。

「この子の将来が心配で……」は子どもからしたら厚かましいだけ

子育てで悩んでいる人は、子だくさんのママとお話をする機会を設けたらいいと思うんです。そうすることで「子どもは案外丈夫なんだ」ということが分かりますから。

子どもが三人以上になってくると、一番下の赤ちゃんが上の子に泣かされていても「あらあら泣いたのね」と安定感を持って抱きしめることができるようになります。

対して、子どもが一人で、かつ孤独に子育てしている人は情報がありません。しかもいざ子育て情報を調べようとしても、検索窓に打ち込むのは【一歳　体重　心配】など、不安からの検索です。当然、出てくる情報はその不安を煽り立てる情報しかないのです。それでは到底子どもを見守るなんてことはできません。

ちなみに、この「守る」と「見守る」の違いについて。

「子どもを守ろう！」とするのは【自分の弱さを見守ることができない弱い人】です。「子どもは見守って育てよう」とどっしりと構えることができるのは【自分の弱さを認めた上で成熟した強い人】です。

最近はなんでもかんでも過剰に守ろうとする傾向があり、不審者情報を地域で共有することも多いようですが、「滑り台で遊んでいる子どもに『かわいいね』と声をかけた怪しい三十代の男性がいます」レベルの内容が不審者情報として共有されたりするのです（それで不審者呼ばわりされるなら、私が子どもと一緒に公園にいたら人さらいにしか見えないでしょう）。

でもそんなバカバカしい不審者情報も、普段から不安を押し込めて生活している人からしたら格好の投影先。

「じゃあもう公園で遊ばせないようにしよう」

「知らない人と一切話させないようにしよう」

としたところでその不安感がなくなるわけでもありませんので、結局はまた新しい不安の種を見つけては対策をする、という終わらない不安投影ゲームを繰り返すだけ。

子どもが明らかに楽しそうにしてるのに、ついつい

「何の役に立つの?」
「みんなと遊んだら?」
「勉強はしなくていいの?」
と言いたくなった時こそ、自分を振り返る時。

そもそもあと二十年もしたら世の中にある仕事も常識も今とはがらっと違ったものになっています。今の高齢者が子育てした時に従っていた【常識】と今の子育て世代にとっての【常識】は全く違うのです。

なのに「この子の将来が心配で……」なんて厚かましいことを言ってないで、さっさと自分の今を楽しみましょう。

そうしているうちに周りに対する心配も勝手になくなっていきますから。

はじめの一歩

子どもが楽しそうに遊んでいるのを邪魔しない

やった回数だけ
足跡を残そう!

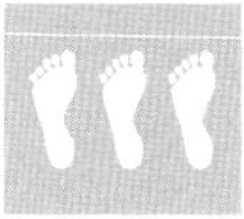

怒ってる人を見て「大人げない」
無邪気に遊ぶ人を見て「いい年して」
嫌なものは嫌だと言う人を見て
「周りの迷惑も考えろ」
好きなことだけやってる人を見て
「子どもじゃないんだから」
これ。子どもの頃に両親から
言われたことを他人に向けてるだけ。
「ほんとはどうしたい？」

"理解してもらうため"のエネルギーや時間はただのムダ使い！

この本のタイトルにもなっている「で、ほんとはどうしたいの？」の問いかけを自分にする時にポイントがあるんです。

「あらゆる障害が全てなかったとしたら、ほんとはどうしたいの？」と補足してみてください。

両親が反対しないとしたら、
お金があるとしたら、
時間があるとしたら、
自信があるとしたら、
自己否定がないとしたら、
絶対にうまくいくとしたら、

人に迷惑がかからないとしたら、
誰にもバカにされないとしたら、

【ほんとはどうしたいの？】と。

この本やブログで普段からお伝えしていることをぎゅぎゅっと凝縮したら、
「やりたいことをやってね。出てくる感情は感じてあげてね」
だけなのです。

が、その一歩をいざ踏み出した時、もしくは踏み出そうとした時にこそ、まず最初の関門がやってくるんですよね。

それは、
両親、
パートナー、
家族、
同僚、

友達、

など自分の周りにいる人たちからの反対の声、批判の声、常識の押し付けです。

お願いしたいのは、そういう反対意見がやってきた時に、そういう人たちを説得したり、理解してもらうためにエネルギーも時間も浪費しないでくださいね、ということ。

反対する人はただ【反対をしたい】だけなのです。

あなたに説得してもらいたいのではありません。

なのでどんなに小賢しい理由を並べて反対されたとしても、

「なるほど、あなたはそういう意見なんだね」

と軽く流して、

「でも私はこうしたいから、こうするね」

と自分で選んだ道を歩くことを止めないで欲しいと思います。

感情を抑え、遊びもせず、やりたくないことを義務感や不安感から続けている人からしたら、喜怒哀楽を表現し、やりたいことだけに専念しようとする人はもはや人でなしのダメ人間にしか見えないことでしょう。

でもこちら側の感覚からすると、感情も本音も抑えて【べき】でしか行動していない人こそ、人間ではありません。常識というプログラムをされている、単なるロボットです。

何度も言うように、そういった【人間としての感覚を置き去りにして命令に従っていれば成立するような仕事】は、これから十年も経たない間にコンピューターにとって変わられます。

そうなった時に、

「こんな世の中になるなんて聞いてない！　○○のせいだ！」

とデモを起こす集団の一員になるか、

「いやー楽しいことだけに専念していたら良いなんて、ステキな世の中になったね！」

と毎日をエンジョイできるか？　は今この瞬間の選択の先にあるのです。

本当は自分も感情を出したい、
好きなことをしたい、

嫌なことは止めたい……

そういった自分が抱え込んでいるたくさんの不満感から八つ当たりしてくるノイズ人間は未だにたくさんいますが、【それはそれとして置いといて、で、ほんとはどうしたいの？】と自分に問いかけていって頂けたらと思います。

ちなみに、このプロセスには段階があります。

最初にべきべき人間からワクワク人間にシフトしようとしている時は、まだ自分の中にネガティブな感情もありますし、何より周りからは幸せそうには見えません。

それもそのはず。これから変化していこうとしているのですから。

一見不幸そうなあなたが言っていることだから、何を言ったところで反対されるのはある意味当然なのです。

ですが、そこから変化していって周りから見ても幸せに見えるようになったなら、逆にあなたが何を言っていても、何をしていても、良い意味でほっとかれる、見守られるようになっていきます。

育児ノイローゼだけど、ワクワクして生きてみたい
決意
すべき
すべき
ぐっ
母親のくせに
アホか
自分を大事にすれば…
好きな事やれば上手くいく…
ママ友
ギャー
ギャー
ブルブル
あの…いつもウチに入り浸られるのこまります…
ホラ、あの人
ヤダー
ヒソ
ヒソ

批判されても、嫌われても
一歩ずつ自分を取り戻していく
大事にしていく…
趣味のハンドメイド作品をネットで売ってみたら
ちょっとずつ注文が入るように
近所の公民館でワークショップ頼まれたので行ってきます
子供おねがいします
ハイハイ
ただいまー
今日もキレイだねー…

芋虫が蝶になる時には一旦サナギの中でドロドロになるように、今までガチガチで生きてきた人ほど一旦ドロドロボロボロになります。

が、それは蝶になって羽ばたくための変化のプロセス。

「あ、ちょっと身体が溶けてきて不安なんでやっぱり芋虫でいいっす」と変化を断るのではなく、単にそういう時なんだと受け入れて進んでいって頂けたらと思います。

はじめの一歩

周囲の反対の声を気にしない

やった回数だけ足跡を残そう！

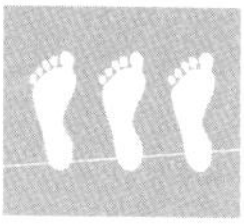

子どもの頃の愛情不足は、
幸せになれない理由
にはならない。

が、幸せになりにくい
理由にはなる。
が、それはあなたの魂の趣味。

で、ほんとはどうしたい？

この本を読んでいる以上、あなたは自分の行動を自分自身で選べている

【アダルトチルドレン】という言葉がここ十年くらいの間に一般化してきていて、週刊誌やテレビでも取り上げられるようになってきています。

私自身も2011年に独立してセラピスト業を始めた時から三年くらいの間は、かなりの量の書籍やセミナーなどでアダルトチルドレンについて勉強しました。

しかしそこでも罠があって、いわゆる毒親に育てられたアダルトチルドレンの場合、そういう書籍で自分がアダルトチルドレンだと自覚することによって、

「私が幸せになれないのは毒親のせいだ」

と今度は両親のせいにし始めるのです。

いやいやいやいや、ちょっと待ってください。確かに子どもの頃スキンシップ不足だった場合、愛着が形成されにくくなるので安定感を持ちにくくなります。

やりたいことを否定され続けた場合には無価値観や自己否定的性格が形成されます。**が、そういう書籍で勉強をできているという時点で、もうあなたはだいぶ立派な大人になっているはず。**

それなら【アダルトチルドレンについての書籍を読む】という行動を選んだように、【今から生まれ変わって、両親とのへその緒を断ち切って自分の幸せを自分で見つけるのだ！】と進んでいったらいいだけなのです。

特に「感情が出てきたらそのまま感じてみてくださいね」と聞いた時に、知識を詰め込みすぎている人はその感情の説明をしようとするのですが、残念ながらほとんど意味がありません。

具体例を挙げましょう。

例えば、「彼氏へのＬＩＮＥが既読になっているのに返信がない。なんか胸のあたりがきゅーっと締め付けられる感じがする」といった時。

必要なのはその胸の辺りの「きゅーっと感」をそのまま味わってあげるだけ。その上で、

「大切にされてないみたいで寂しいな。あ、そうか、単に寂しいんだ。じゃあまずは私が私を大切にしよう」と自分満たしに取りかかればいいのです。

ところが、たくさんの知識を詰め込んでいるとこうなります。

「ああ、寂しいな。この感じは、幼稚園の頃に両親が共働きでなかなか一緒にいられなかったことに起因する孤独感かしら。それとも両親の希望する高校受験に失敗した時に形成された劣等感かしら。あれ、ちょっと待って、これは寂しさなのかしら。劣等感なのかしら……」

もう迷子ですね。

感情というものはあくまで身体の感覚なので、はっきり言ってそのネーミングや由来なんてどうでもいい。

ただ味わうだけ。

味わうことだけが喜怒哀楽の醍醐味であって、その原材料まで知らなくていいのです。

寂しさ味の由来を調べるために、
幼い頃の両親と自分との関係性や、
ひいては祖父母の人間性、
社会的背景を学ぶ必要は一切ないんです。

これは食事の時に置き換えるとよく分かります。

コーヒーが好きなら
「うわー！　おいしいコーヒーー！」

と喜べばいいのです。

舌に残るコーヒーの苦みやコーヒーの香りを楽しんでいること。

それがそのコーヒーを満喫するということです。

あなたが、

「うわー！　おいしいコーヒーー！」

と感動している時に、

「このコーヒーの酸味は20％。
苦みは40％。
甘みは15％だね。
だからおいしいのよ！」
とクールに決める友達がいたら冷めませんか？
「このコーヒー豆は産地がブラジルの○○山だから、これだけの風味が出るのね」
と言われたところで、コーヒーの味の何が変わるのですか？

本質は【感覚】のみ。
よしんば【一流・限定・なんか凄い肩書き】を聞いておいしくなったと思ったところで、
それはあくまで思考の産物です。

喜怒哀楽味は、料理のごとくただ味わう。

味わったら、味の余韻のごとく身体から消えていく。

それだけを意識してみましょう。

ちなみに、この【感覚を純粋に体験する】ができるようになってくると、
【不安のドキドキ感と期待のワクワク感】
【怒りのムカムカ感と情熱のメラメラ感】
が近いことが分かります。

自分の感情を否定せずに育った人の場合には、不安や怒りなどの感情も期待や情熱のエネルギーとして健全に自分が行動するためのエネルギーに転化できるのです。

はじめの一歩

今の不幸を子どもの頃の境遇のせいにするのを止める

やった回数だけ足跡を残そう！

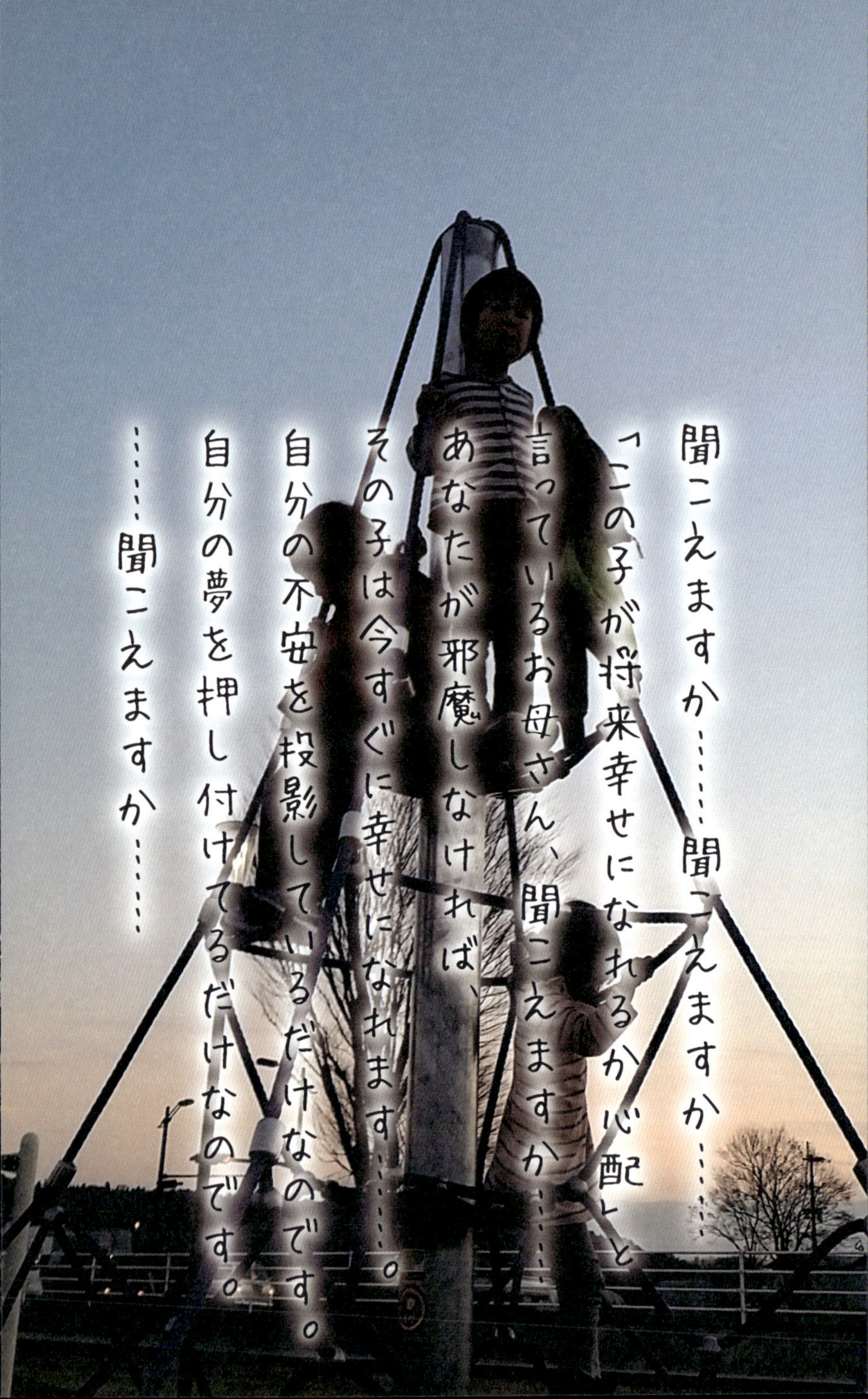

聞こえますか……聞こえますか……
「この子が将来幸せになれるか心配」と
言っているお母さん、聞こえますか……
あなたが邪魔しなければ、
その子は今すぐに幸せになれます……。
自分の不安を投影しているだけなのです。
自分の夢を押し付けてるだけなのです。
……聞こえますか……

想像力豊かな自己否定ママさんへ

岡田家には今二歳の息子がいるのですが、基本的にほぼ彼のやりたいことをやりたいようにやらせているので、子育てのストレスのようなものはほとんどありません。

おもちゃの時間や昼寝の時間も決まった時間を決めていないので、彼がその時遊びたがっていたらいつまでも遊ばせますし、眠そうになったら何時でも寝かせます。

きっとほとんどの子育てのストレスというのは、「こうしなければならない」「これが正しい」という常識に縛られていて、目の前にいる子どもそのものに目を向けられないことから起こるのではないでしょうか。

子どもはおもちゃで遊び、遊びきったら自然とそのおもちゃを手放しますし、眠い時にちゃんと寝かせてもらえていたら、起きている時はご機嫌になるもの。

それを「もうおもちゃの時間は終わり！」と取り上げて欲求不満を溜めさせるから、あとあと爆発するのです。

※とは言え、児童館の終了時間や外出しなければいけない時間には、ちゃんと終わらせます。その時には「はい、終わりー」と言うだけ。子どもは泣いたりしますが、それはそれとして抱きしめてあげればいいのです。「なんで言うこと聞けないの！」「もう○歳なんだから！」と相手を否定するような言葉はかけません。

また、「平均するとこのくらいの月齢でこのくらいのことはできます」というのは、単なる平均値であって、それよりも早い、遅いというのは個人差があって当たり前。

我が家も、定期検診に行くと「平均よりやせてますね」「まだしゃべらないんですね。ちょっと遅いですね」と言われたりします。

これを自己否定しているママが聞いたら、

「私の子育てがダメだからかしら」

「手料理をもっと作らないといけないかしら」

「障害があったらどうしよう。私のせいだわ」

と想像力豊かに自分を責め始めます。**ですが、お医者さんは単に【平均値と比べた事実】を言っているだけ。そこに両親を咎《とが》める言葉は入っていないのです。**

同じシチュエーションで「私が責められた」と思う人の場合、ただその感覚があるんだなーと受け入れてあげましょう。

ちなみに、うちの場合にはそう言われた時には「そうなんですね～」と言ってさらりと流しています。

自分が根本的に安定した状態で子育てに取り組んでいたら、いちいち他人の意見や平均値に一喜一憂したりしないので、それで充分なのです。

はじめの一歩

子どもが飽きるまでじっと見守ってみる

やった回数だけ
足跡を残そう！

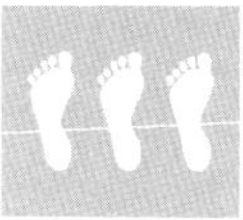

未来の子どもの笑顔のために！
と頑張る前に。
今の自分は笑っているか？

思考優位の時代から、感覚優位の時代へ

突き詰めると、【子育て】【パートナーシップ】など【人間関係の問題】は全て【自分の中で起こっていること】です。


どれだけけしたり顔で「あなたのためよ」と正論を振りかざしたところで、そう言っているあなたの表情が曇っていたら、相手が受けとるものは、

「け！　結局自分のために言っているんだろ？」

「自分のメンツのために言っているんでしょ？」

という裏メッセージ。

世の中には正しい子育て、正しい恋愛のマニュアル本が溢れていますが、いつまで経っても、

【こうすべき】

【こうしたら幸せになるよ項目】


が増えるばかりで、精神疾患にかかる人数は一向に留まるところを知りません。

だからこそ、誰かに文句を言いたくなった時、誰かを自分の想い通りにコントロールしようとしていることに気がついたならば、まずは自分のことを振り返って欲しいのです。

「ちゃんと宿題しなさい！」の裏側に、

「宿題もさせられない親だと先生に思われたくない自分がいないかな？」。


「女の子は汚い言葉を使わないでいつも笑っていなさい！」の裏側に、

「私の中に、そういう汚い言葉を持った自分がいないかな？　我慢してないかな？」。

「もっと私を大切にしてよ！」の裏側に、

「私は私を大切にしているかな？」。

「ちゃんと仕事なんだからやりなさいよ！」の裏側に、
「私は本当はやりたくないことを無理してやってないかな？」。

そうやって【自分から他人への言葉】を【肚の声（子宮の声）から自分への言葉】だと置き換えることによって、難しい理論なんて全く学ばなくても、

今自分が自分のことをどう思っているのか？

どのくらい大切にできているのか？

がすぐに分かるんです。

自分の感情を認め、肚の声に従って生きていくようになると、他人の感情に一喜一憂したり、自由に楽しそうにしている、これからそうしようとしている人に対していちいち批判しようとか、相手を変えようとは全く思わなくなります。


特に子育てのシチュエーションで顕著に現れるのですが、子どもが無邪気に何の目的も持たずに遊んでいる時、

「人の役に立ちなさい」

「目的をちゃんと持ちなさい。そしてそれは達成しないと価値がないの」

という信念を埋め込まれた人はついつい、

「遊んでばかりいないで勉強しなさい！」と言います。

しかし残念ながら、今や知識はＧｏｏｇｌｅ検索すればいくらでも出てくる時代。

世界各国の首都を覚えたり、歴史の年号をどれだけ暗記したところで、テストではいい成績を取れるかもしれませんが実生活では何の役にも立ちません。

思考優位の時代から、感覚優位の時代へ。

2012年12月から宇宙の流れが変わったというのはスピリチュアルな本でもたくさん語られていますが、今、凄まじい勢いで時代は変化してきているのです。

その変化の波に乗っていくために必要なことは、脳に何かを詰め込むことではなくて、身体感覚。

肚の声に敏感になっていくこと。

その自分の感覚こそが絶対であると知り、いざ実現しようという時に思考を使って実現させていってあげることなのです。

――未来のために、誰かのために。

そう言うと聞こえは良いのですが、実際問題、未来は来ないから未来なのです。

未来のために今は苦しみに耐えよう。**苦しみの先には輝ける未来があるというのは、黙って思考停止して働く人材が欲しかった高度経済成長期の支配者による洗脳に他なりません。**

自分にとって一番ワクワクすることがエベレストに登ることなら、

【そのために登山の練習を苦しいけれど頑張ること】

と、

【そのために嫌でやりたくない仕事だけどお金が必要だから無理して頑張ること】

とは全く違います。

あなたにとって本当の望みはなんですか？

成功しても失敗しても、泣いても笑っても、人から応援されても反対されても、それでもやりたい大好きなことって、なんですか？

その答えがすぐに出てくるという方は、まずはじめの一歩を。

その答えがすぐに出てこないという方は、まずは感覚のリハビリを。

この本がその助けとなってくれたなら、著者としてそれ以上の喜びはありません。

では、次でラストメッセージとなります。

この本の〝ラスト〟ということは、今これを読んでいるあなたにとって〝スタート〟だということです。

ここまで徹底して一冊にわたり、たった一つのことをお伝えしてきたので、最後も期待にお応えして（誰の期待？）聞きたいと思います。

で、ほんとは
どうしたいの？

あなたのお腹の辺りからどんな声が聞こえてきましたか？
それが今、あなたがやるべきことです。
どうもありがとうございました。

2016年10月吉日「おわりに」に代えて

岡田哲也

ラストメッセージ

「いつも笑顔でいなきゃ」

そうして、わたしは生きてきた。
笑ってたら、褒めてくれたから。
泣いてたら、叱られたから。

でも、「無理しなくていいんだよ」
そう言われた時、作り笑顔してたって気がついた。
その日がわたしの誕生日。
ほんとの私の生まれた日。
仮面を外そう。

この世界の創造主を知りたい？
簡単さ。
鏡を見なさい。

【LIFE】

出演　自分

共演　自分

音声　自分

照明　自分

演出　自分

脚本　自分

監督　自分

主題歌　『自作自演わっしょい』

デザイン　小口翔平+岩永香穂(tobufune)
イラスト　橘なな子
校正　玄冬書林
編集　岸田健児(ワニブックス)
写真　読者のみなさま

で、ほんとは どうしたいの?

著者　岡田哲也

2016年11月20日　初版発行
2017年 1 月10日　3 版発行

発行者　横内正昭

編集人　青柳有紀

発行所　株式会社ワニブックス
〒150-8482
東京都渋谷区恵比寿4-4-9 えびす大黑ビル
電話　03-5449-2711(代表)
03-5449-2716(編集部)
ワニブックスHP　http://www.wani.co.jp/
WANI BOOKOUT　http://www.wanibookout.com/

印刷所　株式会社美松堂
DTP　株式会社三協美術
製本所　ナショナル製本

ISBN 978-4-8470-9492-7